Maritimer Reiseführer
DANZIG

»Von allen Hafenstädten der Ost- und Nordsee nimmt Danzig unbestreitbar den hervorragendsten Platz ein, was sowohl den Reichtum wie die breitgefächerten Handelsbeziehungen betrifft ...«
(Mathias Bersohn über die Blütezeit der Stadt)

»Von Tagen der Macht
Deine Mauern strahlen.
Sei gegrüßt, den Träume mir malen.
Du alter Löwe der Hansemacht!
Im Federbusch der Meerestauben
Dein Goldgewand gibt Irrenden Glauben.
Patrizier gekrönter Burgen,
Königliches Danzig – sei gegrüßt!«
(Artur Opmann, Gruß an Danzig)

Jerzy Litwin

Maritimer Reiseführer

DANZIG

Herausgeber:
Jürgen Schödler

Koehlers Verlagsgesellschaft mbH · Hamburg

Bildnachweis **(s. S. 195)**
Umschlagvorderseite:
Das Krantor als Wahrzeichen Danzigs, vom Bleihof aus gesehen.
(Foto: E. Meksiak)
Umschlagrückseite:
Festung Weichselmünde mit dem Jachthafen rechts.
(Foto: W. Stępień)
Umschlaginnenseite, vorne:
Plan von der Danziger Innenstadt. (V·W·M projekt)
Umschlaginnenseite, hinten:
Plan des Danziger Hafens (nach einem Prospekt).
(Nachdruck mit Genehmigung der Hafenverwaltung)

Die Deutsche Bibliothek – CIP-Einheitsaufnahme

Litwin, Jerzy:
Danzig : maritimer Reiseführer / Jerzy Litwin.
Hrsg.: Jürgen Schödler. –
Hamburg : Koehler, 1997
(Maritimer Reiseführer)
ISBN 3-7822-0704-1

ISBN 3 7822 0704 1; Warengruppe 61

Übersetzer: Henryk Kleinzeller
Umschlaggestaltung, Layout und Produktion: Alexandra Busch
Lithografie und Belichtung: Einsatz Creative Production, Hamburg
Gesamtherstellung: Freiburger Graphische Betriebe, Freiburg
Printed in Germany

Inhalt

Vorwort . . . 7

Ein Blick in die maritime Geschichte . . . 8
Slawische Siedlung und Herzogssitz bis 1308 . . . 8
Die Hansestadt unter dem Deutschen Orden bis 1454 . . . 13
Als Stadtrepublik im polnischen Königreich bis 1793 . . . 25
Die Hafenstadt wird preußisch und gehört zum Deutschen Reich bis 1920 . . . 57
Danzig als Freie Stadt bis 1939 und spätere Kriegsfestung . . . 71
Polens Seehauptstadt seit 1945 . . . 81

Ein Rundgang durch die Stadt . . . 91

Ausflüge in die Umgebung . . . 138
Danziger Hafen . . . 138
Leuchtturm in Neufahrwasser . . . 142
Festung Weichselmünde . . . 143
Westerplatte und Nordhafen . . . 144
Oliva . . . 147
Sopot . . . 151
Gdynia . . . 154
Puck . . . 158
Władysławowo . . . 160
Rozewie . . . 161
Jastarnia . . . 163
Halbinsel Hel . . . 164
Kaschubische Matschoppien . . . 168
Sobieszewo, Świbno und Przegalina . . . 169

Ratgeber . . . 170
Danzig . . . 170
Informationen zum Nahverkehr . . . 170
Banken – Geldwechsel . . . 171
Touristische Information . . . 171
Museen . . . 171
Galerien . . . 172
Musiktheater . . . 173
Philharmonie . . . 173
Konzertstätten . . . 173
Antiquitäten, Antiquariate, Nautiquitäten, Hobby . . . 174
Schiffsrundfahrten . . . 174
Fahrten ins Ausland . . . 174

Jacht- und Bootsverleih ... 175
Jachtausrüster ... 175
Bibliotheken ... 175
Restaurants ... 176

Gdynia ... 176
Touristische Information ... 176
Museen ... 177
Galerien ... 177
Musiktheater ... 178
Antiquitäten, Hobby ... 178
Schiffsrundfahrten ... 178
Fahrten ins Ausland ... 178
Jachtklubs ... 178
Jachtausrüster ... 179
Restaurants ... 179

Sopot ... 179
Touristische Information ... 179
Galerien ... 179
Musiktheater ... 179
Antiquitäten ... 179
Schiffsrundfahrten ... 180
Bootsverleih ... 180
Restaurants ... 180

Maritime Sehenswürdigkeiten außerhalb der Dreistadt ... 180
Seefahrten mit Fischkuttern ... 180
Rundflüge ... 181
Jachthäfen ... 181
Sonstiges ... 181
Wörter und Redewendungen ... 181
Hinweise der Polizei zur Sicherheit ... 185

Literatur- und Quellennachweis ... 187

Register ... 190

Bildnachweis ... 195

Vorwort

Nicht allzu fern im Osten, nahe der Grenze zu Rußland, liegt diese alte Hansestadt und heutige Seemetropole unserer polnischen Nachbarrepublik. Deren reiche maritime Tradition und die Feiern zum Millennium 1997 sind Anlaß genug, Danzig in einem speziellen Reiseführer vorzustellen, der den Höhen und Tiefen einer tausendjährigen und mit der deutschen aufs vielfältigste verbundenen Geschichte nachspürt. Die landschaftlich reizvolle Umgebung mit dem Strand von Sopot oder der Weichselnehrung, mit der Bernsteinküste oder der Kaschubischen Schweiz sind weitere Motive, sich in dieser stets der See zugewandten Region auf Entdeckungstour zu begeben.

Und wer sollte maritim interessierten Touristen den Weg zu den Stätten der Gegenwart und der Vergangenheit besser weisen können als ein Experte, der mit dem Geschehen sozusagen von Berufs wegen bestens vertraut ist – kein Geringerer als der Vizedirektor des Centralne Muzeum Morskie (CMM), des Zentralen Schiffahrtsmuseums, in Gdańsk. Dieser Insider, Jahrgang 1944, heißt Jerzy Litwin und ist von Hause aus Ingenieur für Schiffbau sowie ein promovierter Historiker. Mehr als 140 Arbeiten zum Schiffbau und zum Museumswesen, aber auch zum Schiffsmodellbau, seiner persönlichen Neigung, hat er bisher veröffentlicht. Wegen seines Engagements wurde er nicht nur in verschiedene nationale, sondern auch in die Vorstände internationaler Gremien, wie des Verbandes Maritimer Museen oder der Schiffsmodellbauer (NAVIGA), berufen.

Bei der Erarbeitung unseres Reiseverführers standen ihm, wie könnte es anders sein, zwei Frauen, zwei aufmerksame Fotografinnen namens Ewa Meksiak und Elżbieta Stütz, zur Seite, welche die Schönheit der Objekte mit weiblicher Intuition einfingen. Ihnen dankt der Autor an dieser Stelle ganz herzlich. Sein Dank gilt ferner den befreundeten Kunstfotografen Bernadetta Lipniewska sowie Ryszard Petrajtis und Wieslaw Stępień für das Bereitstellen ihrer Fotos, von denen leider nur ein kleiner Teil in diesem Reiseführer Platz finden konnte.

Der Autor muß zudem feststellen, daß dieses Werk ohne die Mühe vieler Erforscher der Geschichte dieser Stadt an der Mottlau, welche bereits seit dem Mittellalter deren Schicksal aufzeichneten und bekannt machten, nicht hätte entstehen können. Gerade den Historikern Danzigs und allen, die an Gdańsk, insbesondere am »maritimen Danzig«, Gefallen gefunden haben, widmet er achtungsvoll diese Arbeit.

Nicht vergessen soll der Übersetzer Henryk Kleinzeller sein, der das Manuskript des Autors in hervorragender Weise ins Deutsche übertrug.

Gdańsk im Millenium/Hamburg, im Mai 1997 *J. Litwin/J. Schödler*

Slawische Siedlung und Herzogssitz bis 1308

Kurzchronik

um 400 v. Chr.	Erste Spuren einer Siedlung und eines Handelsplatzes; römische Münzfunde aus späterer Zeit. Damals entstand die sog. Bernsteinstraße, auf der bereits Händler aus dem Süden Europas zur Ostsee zogen.
997	Der unter dem Schutz des polnischen Fürsten Boleslaw Chrobry reisende Bischof Adalbert von Prag erreicht die slawische Siedlung Gyddanyzc westlich der Weichselmündung, wo er die Slawen und die Pruzzen (östlich der Weichsel) zum Christentum bekehren will. Die Pruzzen töten ihn, und er wird zu einem Schutzpatron Polens. Die Slawen nannten ihr Siedlungsgebiet entlang der Ostseeküste Land am Meer (po More, Pomorze), woraus später der Name Pommern entstand.
Ende 10. Jh.	In Danzig besteht eine Wehrburg als Sitz slawischer Fürsten, die über ein später Pom(m)erellen genanntes Gebiet von Łeba bis zur Weichsel herrschen. Sie fördern den Handel und treiben die Christianisierung des Landes durch die Ansiedlung von Mönchen voran.
1188	Der Pomerellenherzog Sambor schenkt dänischen Zisterziensern das Gelände des späteren Klosters Oliva. Die Mönche betreiben Fischerei und Landwirtschaft.
um 1220	Dominikanermönche unter dem Krakauer Prior Hyazinth kommen nach Danzig, wo ihnen Herzog Svantopolk II. das Gelände um die spätere Nikolaikirche überläßt.
1226	Der polnische Fürst von Masovien siedelt den deutschen Orden in einem Teil seines Gebietes, dem Kulmer Land, zur Abwehr von Überfällen nichtslawischer Pruzzen und zu deren Christianisierung an. In jahrzehntelangen Kämpfen gegen die Heiden erobert der Orden dann große Landstriche, die dem späteren West- und Ostpreußen entsprechen. Neuerworbene Gebiete sichert der Orden durch den Bau von Burgen, in deren Schutz Städte entstehen, wie Thorn, Kulm, Marienwerder, Elbing oder Königsberg. Für die Kolonisierung siedelt er deutsche Bauern, Handwerker und Kaufleute an. Thorn und El-

bing werden die wichtigsten Handelszentren des Ordensgebietes im 13. Jh., die auch Handel in der Ostsee und bis Westeuropa treiben.

um 1260 Lübecker Kaufleute und Schiffer besuchen immer häufiger Danzig und lassen sich – zur besseren Abwicklung ihrer Geschäfte – in der Stadt nieder. Denn dieser Handelsplatz bot angesichts seiner günstigen Lage an der Kreuzung verschiedener Wasserwege (Ostsee, Weichsel, Mottlau) und Landverbindungen (nach Ungarn, Schlesien und zum Oderhaff) gute Voraussetzungen für den Warenaustausch.

1266 Der Pomerellenherzog Svantopolk II. stirbt hochbetagt, ohne einen Erben zu hinterlassen, so daß um den Besitz von Pomerellen Streitigkeiten zwischen dem polnischen König und dem Markgrafen von Brandenburg ausbrechen.

1271 Ein brandenburgisches Heer besetzt Danzig.

1308 Der Deutsche Orden erobert Danzig, womit er die Weichselmündung unter seine Kontrolle bringt.

Bereits im 9. Jh. war Danzig, 997 erstmals als »urbs Gyddanyzc« in der Missionsgeschichte des Prager Bischofs Adalbert erwähnt, eine größere Siedlung am linken Ufer der Weichsel mit einer Anlegestelle, die sich bis Ende des 10. Jhs zu einem Hafen entwickelte.

Um die Wende vom 10. zum 11. Jh. lag die Danziger Burg, der Herrschaftssitz der Pomerellenherzöge, auf

Älteste Darstellung eines slawischen Bootes vom Ende des 12. Jhs. in Gnesen. Das Aussehen des Bootes und seine technischen Merkmale (ohne Verzierungen) sind authentisch.

einer Insel in der Mündung der träge dahinfließenden Mottlau in die Weichsel. Sie war von einem hohen Erdwall umgeben, so daß der Zutritt nur durch Tore möglich war. Vom Haupttor führte ein hölzerner Steg zur Siedlung, neben der sich der Marktplatz befand. Ferner ist durch Ausgrabungen belegt, daß die Burg und die zugehörige Siedlung schon im 12. Jh. über getrennte Anlegeplätze verfügten.

Fischerei im 13. Jh.

Von alters her spielte die **Fischerei** eine bedeutende Rolle im Danziger Wirtschaftsleben und von ganz Pomerellen. 1235 wurde den Zisterziensern ein Fischerlandungsplatz im Dorf Mosty (Brück) auf dem Fluß Łeba zugewiesen. Auch die anderen, sich später in Pomerellen ansiedelnden Mönchsorden erhielten von den jeweiligen Landesherren Fischereiprivilegien, so bekamen z. B. 1280 die Danziger Dominikaner das Recht, Heringe und Störe zu fangen. Auf diese Weise waren die Ordensbrüder vom örtlichen Fischmarkt unabhängig, denn mit der Festigung christlicher Bräuche unter der Bevölkerung wuchs die Nachfrage nach Fischen. Die Fischerei wurde zu einem der wichtigsten Erwerbszweige, der Nahrungsmittel für die nahezu 150 Fastentage im Jahr lieferte.

Beim Fischfang wurden u. a. Haken und Stellnetze (z. B. Reusen) verwendet. Ein großes Fanggerät war das Zugnetz (Zuggarn), welches auf das Ufer gezogen wurde. Um es auszubringen, benötigte man entsprechende Fahrzeuge, wie Einbäume (sog. Kähne) und Plankenboote. Beispiele dafür sind Bootswracks aus dem 10.–11. Jh., die in Danzig, Danzig-Ohra, Mechelinki (Mechlinken) und in jüngster Zeit in Puck (Putzig) gefunden wurden.

Hafen im 13. Jh.

Der Aufschwung des **Danziger Hafens** erfolgte unter dem Herzog Svantopolk II. (1217–1266), der zahlreiche spezielle Verordnungen erließ. Von besonderer Bedeutung war die Verordnung zum Schutz der Schiffahrt aus den Jahren 1220–1227. In dieser hieß es u. a.: »Sollte in unseren Grenzen eine Kogge schiffbrüchig werden, so wird sie nach der Rettung 10 Mark, ein kleineres Schiff 5 Mark zahlen. Sollte ein Schiff in unserem Hafen den Grund berühren oder beschädigt werden, so wird es jede gewünschte Hilfe erhalten.«

Fahrwasser

Um den Verkehr im Hafen zu erleichtern, wurden seit 1298 alle von See kommenden Schiffe erst zur Zollstelle in der Nähe der Weichselmündung und dann zu den Kais gelotst. Das Lotsen erforderte eine genaue Kenntnis des Fahrwassers, dessen Verlauf und Tiefe von den Strömungen der Weichsel und der Mottlau abhängig war, welche enorme Mengen Schlamm anschwemmten.

An der Mündung der Mottlau in die Weichsel liegend, war Danzig im 13. Jh. nicht für alle von der Ostsee einlaufenden Schiffe der Bestimmungshafen, denn viele von ihnen begaben sich stromaufwärts, z. B. zu der damals bedeutenden Handelsstadt Thorn (ungefähr 200 km von Danzig entfernt). Von den zurückkehrenden Schiffen wurde Zoll erhoben. Für eine Kogge wurden damals 1,50 Mark gezahlt, für ein kleineres Schiff die Hälfte davon. Bereits für die Einfahrt in den Danziger Hafen wurde Naturalzoll erhoben – für jede Kogge z. B. 10 Ellen Tuch. Die herzogliche Zollstelle in Danzig verschaffte den pomerellischen Fürsten bis 1308 jährlich Einnahmen von etwa 9 000 Mark. Am Ende des 14. Jahrhunderts wurde Zoll nach dem Prinzip 7 Pfennig für 1 Pfund Ware, der sog. Pfundzoll, erhoben.

Zolleinnahmen

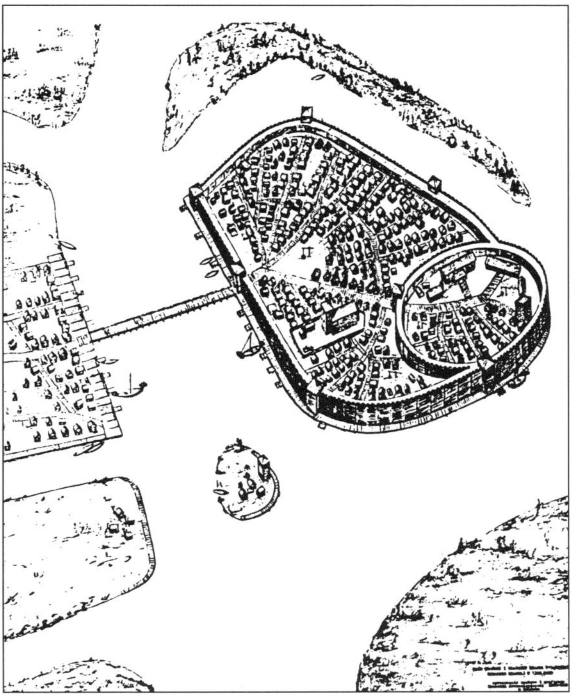

Rekonstruktion der slawischen Burg mit zugehöriger Siedlung auf einer Insel in der Mottlaumündung, wie sie seit dem 11. Jh. ausgesehen haben könnte. (nach A. Zbierski)

Ende des 13. Jh. überwogen auf der Weichsel bereits die Transporte flußabwärts. Sie erfolgten von den Handelszentren im Binnenland, wie Thorn und Kulm, von denen die Waren auf Flößen sowie auf kleinen, flachbödigen Schiffen und großen Kähnen befördert wurden.

Fahrzeuge

Die ältesten **Wasserfahrzeuge**,welche im Danziger Raum benutzt wurden, waren Flöße und Einbäume. Flöße wurden vor allem als Notbehelf zum Übersetzen über Flußläufe und für den Warentransport benutzt. Es waren provisorische Konstruktionen aus zusammengebundenen Baumstämmen, die meistens nach Gebrauch wieder zerlegt wurden.

Einbäume wurden vorwiegend aus den Stämmen von Eichen, Kiefern, Weiden, Pappeln und Espen angefertigt. Die Außenseiten wurden mit Äxten und Breitbeilen bearbeitet, das Innere zunächst ausgehackt oder ausgebrannt und danach weiter ausgehöhlt, damit die Bordwände entsprechend dünn wurden. In Danzig selbst wurden nur wenige alte Einbäume entdeckt, jedoch einer von ihnen, der 1896 an der Bastion Kaninchen geborgen wurde, hat einen besonderen wissenschaftlichen Wert. Es ist ein Boot, dessen Kiel und Boden ein Einbaum bildet, während die Bordwände aus zwei geklinkerten Plankengängen bestehen. Bei grösseren Booten spielte der Einbaumboden keine herausragende Rolle mehr und wurde allmählich

Die Replik eines slawischen Bootes (Ohraboot II), welches aus Anlaß des Danziger Millenniums gebaut wurde und die 1. Fahrt im Dezember 1996 unternahm.

in einen halbrunden Balken, den Kiel, umgewandelt.

Slawischer Bootsbau

Den Höhepunkt seiner Entwicklung erlebte der slawische Bootsbau im 10.–12. Jh., als Plankenboote von beträchtlichen Ausmaßen bereits verhältnismäßig weite Handels- und Kriegsfahrten entlang der südlichen Ostseeküste ermöglichten.

Slawische Boote wiesen einige Besonderheiten auf: Sie wurden aus Eichenholz gefertigt, und ihre Silhouette erinnerte an die Boote der Wikinger. Ihr Querschnitt unterschied sich jedoch von diesen. Ihre Böden waren flach, obwohl sie eine Klinkerbeplankung hatten. Alle Elemente der Konstruktion waren mit Holzdübeln von 10 bis 30 mm Durchmesser verbunden. Zum Steuern diente ein Ruder oder ein breites Schwert, das beweglich an Steuerbord im achteren Rumpfteil befestigt war.

Die Boote trugen bereits im 10.–12. Jh. ein großes rechteckiges Rahsegel. Der Mastbaum stand auf einem speziellen, an den Spanten befestigten Holzklotz. Bei Windstille wurde das Boot mit Riemen vorwärts bewegt.

Die Hansestadt unter dem Deutschen Orden bis 1454

Kurzchronik

1343 Die vom Orden gegründete Rechtstadt erhält Stadtrecht, das der Altstadt, der ursprünglichen slawischen Siedlung, erst 1370 gewährt wird. 1380 wird dann die Jungstadt angelegt.

1361 Danzig, d.h. die Rechtstadt als Zentrum des gesellschaftlichen Lebens und des Handels, tritt offiziell der Hanse bei und gehört nunmehr zu den preußischen Vertretern dieses Städtebundes. Sie erhält Kulmer Recht. Die Einwohnerzahl steigt bis Ende des 14. Jhs auf ca. 10 000, während sie in den beiden anderen Städten jeweils etwa um die Hälfte geringer ist.

1368 In den Auseinandersetzungen zwischen Dänemark und der Hanse um die Herrschaft über die Zugänge zur Nordsee, vor allem über den Öresund, erobert eine hansische Flotte Kopenhagen.

1388 In einem Übereinkommen zwischen England und der Hanse erhalten englische Kaufleute Zugeständnisse für ihren Ostseehandel, woraufhin viele von ihnen vor allem nach Danzig strömen.

1398	Der Deutsche Orden, unterstützt durch die preußischen Städte, landet auf Gotland und vertreibt die Seeräuber, allen voran die Vitalienbrüder.
1410	Niederlage der Ordensritter gegen ein polnisch-litauisches Heer in der Schlacht von Grunwald und damit Schwächung des Ordens. Auch in Danzig wächst die Unzufriedenheit gegenüber der Ordensherrschaft.
1411	Der Komtur des Deutschen Ordens läßt 1411 auf der Danziger Burg den Bürgermeister Konrad Letzkau, seinen Stellvertreter Arnold Hecht und einen Ratsherrn hinterlistig ermorden.
1416	Auseinandersetzungen in Danzig zwischen den ärmeren Volksschichten und dem patrizischen Rat (desgl. 1456/57).
um 1420/30	Holländische Schiffe erscheinen immer häufiger in Danzig und in den anderen preußischen Häfen.
1433	Die Hussiten belagern vergeblich Danzig.
1454	Die Rechtstadt, die Altstadt und die Jungstadt werden zu einem Danzig zusammengeschlossen.

Nachdem der Deutsche Orden 1308 Danzig und bis 1309 ganz Pomerellen erobert hatte, begann er 1310 mit dem Bau einer großen Backsteinburg an der Stelle des zerstörten slawischen Fürstensitzes, von wo aus dann ein Komtur das eroberte Gebiet verwaltete. Ferner wurde der Radaunekanal angelegt. Der Orden gestattete dan Danzigern, Handel und Schifffahrt zu betreiben, insofern dies seine Interessen nicht gefährdete, denn die bedeutendsten Handelsplätze des Ordensstaates, auch für den Warenaustausch über die Ostsee, waren Thorn und Elbing. So stand Danzig z.B. noch lange Zeit nach seiner Eroberung im Schatten Elbings.

Rechtstadt

Doch Anfang der 40er Jahre des 14. Jhs ließ der Orden neben dem Danzig slawischen Ursprungs, der Altstadt (nahe des linken Weichselufers), ein neues Gemeinwesen, die Rechtstadt, im morastigen Gebiet an der Mottlau anlegen, welche bereits 1343 Stadtrecht erhielt. Die regen Handelsverbindungen Danzigs mit Lübeck bewirkten, daß die Rechtstadt als Zentrum des gesellschaftlichen und wirtschaftlichen

Hansebeitritt

Lebens 1361 offiziell dem Bund der Hanse beitrat. Seitdem wurde Mittelniederdeutsch zur Amtssprache. Aber nicht nur zahlreiche deutsche Kaufleute und Handwerker wurden in Danzig seßhaft, sondern auch andere Zugereiste aus verschiedenen Ländern Nord- und Westeuropas. Durch die Mitgliedschaft zur Hanse entwickelte sich jedoch nicht nur der Danziger Handel, sondern die Stadt wurde auch in zahlreiche kriegerische Auseinandersetzungen zwischen der Hanse und Dänemark, zwischen Dänemark und Schweden sowie zur Bekämpfung der Seeräuber in der Ostsee verwickelt.

Das Siegel von Dantzike aus dem Jahre 1299 mit der ältesten Koggen-Darstellung für diesen Handelsplatz. Diese Art von Frachtseglern verbreitete sich, ausgehend von der friesischen Küste, im 13. Jh. zunehmend auch in der Ostsee. Auf niedrigem Balkenkiel mit geneigtem Vor- und Achtersteven (aus geraden Balken) erbaut, war die Beplankung im Bodenbereich kraweel- und an den Bordwänden klinkerartig.

Durch seine günstige Lage an der Weichselmündung besaß Danzig in Preußen, vor allem aber in Polen ein bedeutendes Hinterland mit exportfähigen Agrar- und Waldprodukten, wie Getreide, Flachs, Teer, Asche und Holz, aber auch Wachs und Bernstein, die hauptsächlich auf dem Wasserweg befördert wurden. Ende des 14. Jhs hatte es bereits die anderen Handelsstädte des Ordenslandes überflügelt und wurde zum wichtigsten Ausfuhrhafen von Holz und Getreide in der Ostsee. Dieses Hinterland war aber auch aufnahmefähig für importierte Produkte, wie Salz, Heringe, Tuche, Metallwaren und in geringeren Mengen auch Weine und Gewürze.

Seehandel im 14. Jh.

Danziger Schiffe steuerten im 14. und 15. Jh. meistens Brügge, die Drehscheibe des damaligen »Welthandels«, an, von wo aus ein Großteil der Waren, sogar bis ins Mittelmeer, weitertransportiert wurde. Aus dem Jahre 1392 wird beispielsweise berichtet, daß damals in Danzig 300 Schiffe mit Getreide beladen wurden. Gelegentlich, wie z. B. 1402, segelten Danziger Schiffer auch schon bis Lissabon. Häufiger allerdings wurden Reisen zu den französischen Häfen an der Atlantikküste unternommen, um dort das billigere Meersalz zu laden und nicht mit wertlosem Ballast (Sand oder Steinen) nach Hause fahren zu müssen. Oftmals transportierten jedoch niederländische Schiffe Salz nach Danzig. So brachten beispielsweise von 120 niederländischen Seglern, welche 1443 Danzig anliefen, 40 das begehrte Salz aus Westfrankreich. Neben zunächst hauptsächlich Lübecker Schiffen im 13. Jh beteiligten sich nun auch verstärkt niederländische am Warenverkehr der Danziger in die Nordsee. Dies hatte allerdings auch seine Ursachen in den nautischen Kenntnissen. Denn während »einerseits in den preußischen Seestädten dauernd Mangel an Schiffern und Seeleuten herrschte, welche in der Lage waren, die schwierige Fahrt durch Skagerrak, Kattegat und Nordsee zu vollführen, ... waren andererseits von jeher an dem Schiffsverkehre der Ostseeländer nach Flandern besonders stark die Reedereien von Nordseehäfen beteiligt ..., wie denn der preußische Schiffsbau zu einem erheblichen Teile nicht für die preußische Reederei, sondern für Nordseehäfen arbeitete.« [Kisselbach]

Seehandel im 15. Jh.

In der ersten Hälfte des 15. Jhs gelangten Waren aus Danzig auf eigenen und fremden Schiffen in alle Häfen Nord-, West- und Südeuropas. So legten 1438 in Lissabon fünf Danziger Schiffe an, während es Mitte des 15. Jhs schon 20 und mehr pro Jahr waren. Denn Danzig war damals der Hauptlieferant des Holzes für den portugiesischen Schiffbau. Die Portugiesen erschienen dagegen nur selten an der Mottlau, so 1439 mit einem einzigen Schiff.

Jedoch war die **Schiffahrt** zur Hansezeit wegen der unvollkommenen Navigationsmethoden und der Seeräuberei noch sehr gefährlich, so daß zahlreiche Schiffe verlorengingen. Um die Sicherheit zu erhöhen, wurden häufig

Das erst 1969 entdeckte Wrack des sog. Kupferschiffes war vom Typ her ein Holk. Mit Eichenfaßdauben, Teerfässern, Bienenwachs, Eisenbarren und ovalen Kupferscheiben voll beladen, verließ der Segler Anfang des 15. Jhs Danzig.

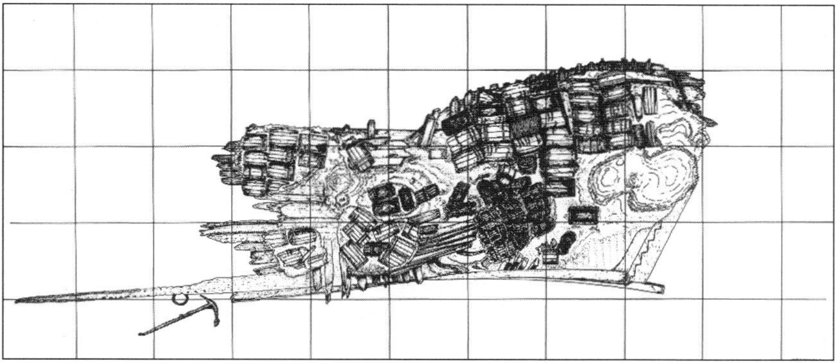

Kurz nach dem Auslaufen brach an Bord ein Feuer aus, so daß er sank. Ausgelaufener Teer schloß die Ladung mehr als fünf Jahrhunderte lang luftdicht ab, bis sie 1975 vom Zentralen Schifffahrtsmuseum in Danzig geborgen werden konnte.

gemeinsame Handelsreisen ganzer Flotten organisiert, wie 1422, als 44 Danziger Schiffe nach Flandern und England in See stachen. Ferner wurde die Seefahrt mit größeren Schiffen während der Winterperiode von Mitte November bis Ende Februar verboten.

Um Schäden durch Schiffsverluste in Grenzen zu halten, gründeten Danziger Kaufleute und Reeder Schiffsgesellschaften, wobei die Baukosten zwischen mehreren, meistens bis zu zwölf Gesellschaftern aufgeteilt wurden. Jeder Einzelne verfügte gewöhnlich über 1/8 bis 1/16 des Schiffswerts. Dieses Prinzip wendete sogar der Deutsche Orden an, der 1404 Anteile an 7 Holks und 2 Kreyern besaß. Die Kaufleute nahmen in der Regel den Schiffer zum Gesellschafter, mit dem sie eine Provision vom Handelserlös vereinbarten.

Flotte im 15. Jh.

Anteile an verschiedenen Schiffen zu besitzen, stärkte das Sicherheitsgefühl, und das dürfte den Anstieg der Danziger Handelsflotte von 220 Fahrzeugen 1422 auf rund 600 im Jahre 1450 erklären. In der zweiten Hälfte des 15. Jhs war die Danziger Kaufmannschaft jedoch immer weniger an Schiffsgesellschaften interessiert und zog direkte Handelsgeschäfte sowie die Vermittlung im Handel vor. Das war die Ursache einer wesentlichen Abnahme der Flotte, die zwischen 1454 und 1470 nur noch 7 Koggen, 4 Holke und 2 Karacken (damals Kraweel genannt) zählte. Die restlichen Fahrzeuge, also 16 Schniggen, 9 Barken (Lastkähne) und 12 Schuten, dienten dem lokalen Verkehr. Wenn auch ohne größere eigene Flotte, war Danzig im ausgehenden Mittelalter dennoch ein bedeutendes Handels- und Schiffbauzentrum.

Rekonstruktion der slawischen Burg und Siedlung Gyddanyzc mit Befestigungswerken in einer Ausstellung des Zentralen Schiffahrts-museums.

Szene vom Altargemälde (um 1380) im National-museum mit Szenen aus dem Leben des Hl. Niko-laus. Dargestellt ist ein Holk. Ein Schiff oder auch ein Fischerboot wurde häufig als Symbol für die apostolische Tätigkeit der katholischen Kirche verwendet.

Szene aus der Schlacht von Oliva am 28.11.1627. Polens König Sigismund III. hatte seinen Anspruch auf den schwedischen Thron seit 1598 nicht aufgegeben. (oben)

Der Saal des Seearsenals in den Bleihof-Speichern des Zentralen Schiffahrtsmuseums. Geschütze des 1627 bei Oliva versenkten schwedischen Kriegsschiffes *Solen.* (unten)

Fahrwasser

Die Sicherheit der nach Danzig einlaufenden Schiffe hing von der richtigen **Kennzeichnung der Hafeneinfahrt** ab. Dazu bedurfte es bestimmter Einrichtungen. Eine von diesen war der 1433 erbaute Wachtturm in Weichselmünde, auf dem ein Signalfeuer brannte. Die Eigenart des Umschlags im Danziger Hafen, in dem die Ausfuhr deutlich die Einfuhr überstieg, führte zu einer künstlichen Versandung der Wasserwege. Die meisten Schiffe trafen nämlich häufig ohne Rückfracht oder lediglich mit Waren von geringerem Gewicht (z.B. Tuchen) und demzufolge mit Steinen oder Sand als Ballast ein. Billiger war Sand, dessen man sich entweder schon auf der Reede oder erst im Hafen entledigte, indem man ihn einfach über Bord schüttete. Dieser Sand wurde teilweise ins Meer weggespült, besonders vom Frühjahrs- oder Herbsthochwasser, dennoch blieb ein Teil auf dem Grund der Fahrwasser liegen und erschwerte den Zugang zu den Kais. Die Beseitigung des Ballasts und das Lotsen der Schiffe sowie die Instandhaltung der Hafenkais war ein großes Problem für die Hafenverwaltung und belastete erheblich die Stadtkasse. Deshalb wurde ab

Pfahlgeld

1341 in Danzig ein Pfahlgeld erhoben, und zwar für die Benutzung der neuen Anlegestellen zwischen den Ausläufern des Langen Marktes und der Breitgasse zur Mottlau. Bezahlt wurde im Rechtstädtischen Rathaus. Diese Gelder waren für die Verwaltung und Erhaltung des Hafens bestimmt. Die Aufsicht führten der Pfahlmeister, die Hafenwächter und deren Gehilfen. Der Pfahlmeister führte die Aufsicht über den Zustand der Mottlau und kontrollierte den Schiffsballast.

Eine Rekonstruktion von Danzig zwischen 1444 (Fertigstellung des Krantors) und 1454 (Zerstörung der Ordensburg): Von seiner Burg aus (rechts im Bild) kontrollierte der Orden den Hafen und erhob den Zoll, so z. B. Ende des 14. Jhs sieben Pfennig für ein Pfund Waren. Das brachte ihm 1390 von Danzig 550 Mark ein.

Hierbei sollte dem illegalen Abwerfen des Ballasts in die Mottlau vorgebeugt werden.

Schiffsreparatur

Quellen aus den Jahren 1361 und 1363 berichten, daß in Danzig Schiffe auf der sog. **Lastadie** gebaut wurden. Der Name bezeichnete ursprünglich den Ladeplatz eines Schiffes im Hafen, wo jedoch – nach Gewohnheitsrecht – auch Schiffsreparaturen vorgenommen werden konnten. Dieses Gelände nutzten also die Bootsbauer und Schiffszimmerleute, wobei die älteste Urkunde, in der eine Gruppe von Schiffszimmerleuten in Danzig erwähnt wird, aus dem Jahre 1357 stammt. Die Meister beschäftigten Hilfskräfte, hauptsächlich Zimmerleute, zum Herstellen der entsprechenden Bauteile und zu Montagearbeiten am Schiffsrumpf. Großen Aufwand bereitete auch das Herstellen der Planken. Bis zur Wende vom 14. zum 15. Jh. gewann man sie durch das Spalten von Baumstämmen, erst seit dem 15. Jh. setzte sich das Kransägen durch.

Schiffbau im 14. Jh.

Mit dem fortschreitenden **Schiffbau** in der zweiten Hälfte des 14. Jhs entstanden Innungen und Zünfte von Handwerkern, die bestimmte Schiffsausrüstungsteile herstellten. Die ersten Mitteilungen über die Bedingungen, wie man z.B. einen Meisterbrief im Ankerschmiedegewerbe erlangen konnte, stammen aus dem Jahre 1354. Später erhielten die Ankerschmiede ein Gelände unweit der Lastadie zur Besiedlung, und zwar neben dem Tor, das seitdem das Ankerschmiedetor genannt wurde. Als nächste schlossen sich die Seiler zusammen, im Stadtbuch von 1377 mit 30 Personen erwähnt. 1385 hatten sie bereits einen ständigen Platz für ihre Seil- oder Reepbahnen auf einem 300 m langen und 160 m breiten Gelände.

Im ausgehenden 14 Jh. wurden auf der Danziger Lastadie Koggen und Holke gebaut – die zwei größten Typen nordeuropäischer Frachtschiffe. Anfang des 15. Jhs wurden Koggen immer seltener, so daß 1404 beispielsweise nur 3 Holke für den Deutschen Orden im Bau waren. In der ersten Hälfte des 14. Jhs war die in Schalenbauweise gefertigte Kogge der am meisten verbreitete Typ unter den Danziger Frachtschiffen im Fernhandel. Hansische Kaufleute hatten sie in der Ostsee eingeführt, und sie war den kleineren und schmaleren slawischen Booten hinsichtlich Seefestigkeit, Ladefähigkeit (120–240 t) und des Abwehrens feindlicher Angriffe deutlich überlegen. Im Unterschied zu den offenen Vorläuferbooten besaß

Szene vom Leben und Treiben an und auf der Weichsel bei Danzig. (Gemälde von M. C. Gregorovius aus dem Jahre 1843) (unten)

Alltagsszene von der Speicherinsel auf einem Gemälde von W. Gerson. Bevor eine Börse existierte, fanden Verhandlungen und Geschäftsanbahnungen häufig auf dem Langen Markt vor dem Artushof statt. (oben)

Der Innenhafen Danzigs Mitte des 19. Jhs. Dampfer sucht man auf dem Bild noch vergebens. Johann Karl Schultz (1801–1873) war einer der hervorragendsten Danziger Maler und Radierer des 19. Jhs. (unten)

Flößerei auf der Mottlau während der napoleonischen Besetzung Danzigs (vorn rechts Soldaten, im Hintergrund die Stadt). (Gemälde von K. Meyerheim im Danziger Nationalmuseum) (oben)

Dieses im Nationalmuseum befindliche Weihgefäß aus vergoldetem Kupferblech zeigt das Modell eines Holks mit hohem Kiel und Klinkerbeplankung. Bis zur Mitte des 15. Jhs besaßen Koggen und Holke ein großes Rahsegel und Kastelle für die Verteidigung.

sie eine quer zur Schiffsachse verlegte Decksbeplankung, die herausgehoben werden konnte und so einen bequemen Zugang zum Laderaum ermöglichte.

Schiffbau im 15. Jh.

Im 15. Jh. wurde die Kogge allmählich vom Holk (bis 300 t Ladefähigkeit) abgelöst. Dieser trug dann gewöhnlich bis zu drei Masten und verfügte über ein festes Vorder- und Hinterkastell.

Im Mittelalter war Danzig das größte **Fischereizentrum** in Pommern. Dort befand sich ein Anlegeplatz in einer großen, von slawischen Fischern bewohnten Siedlung, dem Hakelwerk (poln. Osiek).

Nach der Einnahme Danzigs durch den Deutschen Orden durften sich die Fischer nicht mehr außerhalb des zwischen Burg und Altstadt gelegenen Hakelwerks niederlassen. Sie konnten wie zuvor im Meer und im Mündungsgebiet der Weichsel fischen und Bernstein sammeln, waren aber zum Gehorsam und zum Dienst für den Orden verpflichtet, dem sie 1/4 der gefangenen Fische und des Bernsteins abliefern mußten. Der Orden hatte das Vorkaufsrecht auf die Fische, erst danach konnten diese von den Städtern erworben werden.

Fischerei im 14. Jh.

Im 14. Jh. gab es große Veränderungen für die Fischerei in der Danziger Bucht. Die Hanse hatte die Fischerei, insbesondere den Heringsfang in der südlichen Ostsee, übernommen. Darüber hinaus hatte der Deutsche Orden die Fischer von Hela unterworfen, die nach dem Abziehen des sog. Parts die gefangenen Fische an die Kaufleute vor Ort veräußern mußten, und diese belieferten dann Danzig. Der wachsende Bedarf, vorwiegend an Heringen, wurde jedoch größtenteils durch die Einfuhr aus Schonen gedeckt.

Als Stadtrepublik im polnischen Königreich bis 1793

Unter der Herrschaft der Jagiellonen

	Kurzchronik
Der polnische König zieht Anfang Mai in Danzig ein. Die Stadt huldigt ihm und erhält zahlreiche Privilegien. Danzigs Wappen wird um eine goldene Krone über den beiden silbernen Ordenskreuzen ergänzt.	1457
Beendigung des 13jährigen Krieges mit dem Deutschen Orden im 2. Friedensschluß von Thorn, in dem der Orden Westpreußen mit den Städten Danzig, Elbing, Kulm, Marienburg und Thorn sowie das Ermland an Polen abtreten muß, ihm aber letztlich Ostpreußen als polnisches Lehen bleibt. Von nun an wird der überseeische Handel Polens fast ausschließlich über Danzig abgewickelt, und das Königreich löst den Orden als Machtfaktor in der Ostseepolitik ab. Danzig erhält wegen seiner tatkräftigen Unterstützung des polnischen Königs Kasimir IV. weitreichende Privilegien, einen autonomen Rechtsstatus, vergleichbar der Reichsunmittelbarkeit im »Heiligen Römischen Reich Deutscher Nation«, und zusätzlich ein Gebiet von ca. 900 km^2.	1466
Die Hanse schließt mit England den Utrechter Frieden, der England die freie Schiffahrt in der Ostsee zusichert.	1474
Lübeck und Dänemark schließen in den Auseinandersetzungen um die Kontrolle der Meerengen von der Ost- zur Nordsee Frieden. Dänemark gewinnt die Oberhand, so daß holländische und englische Schiffe nun verstärkt Danzig anlaufen können.	1512
Der polnische König Sigismund I. strebt den Aufbau einer eigenen Kriegsflotte an, um in den Kampf von Dänemark und Schweden um die Vorherrschaft in der Ostsee, das »dominium maris Baltici«, eingreifen zu können. Doch mangels genügend eigener Schiffe stellt er eine Kaperflotte mit vorwiegend Danziger Kapitänen zusammen.	1514
Heinrich VIII., König von England, läßt in Danzig drei Schiffe für seine Flotte bauen – als Vorbilder für den englischen Schiffbau.	1514
Erneuter Krieg des Deutschen Ordens gegen Polen, um Westpreußen zurückzuerobern, was jedoch mißlingt.	1519–1521

Niederländischer Schmuckteller mit dem Danziger Segler *De Fümff Bruyder* von 1759. Dem Aberglauben der Seeleute geschuldet, erhielten die Danziger Schiffe vor der Reformationszeit oftmals die Namen von Heiligen als Schutzpatrone. Ab Mitte des 16. Jhs wurden dann weltliche Schiffsnamen bevorzugt, während bei protestantischen Kaufleuten um die Wende vom 16. zum 17. Jh. noch einmal biblische Namen, wie König David, Salomons Weisheit etc., in Mode kamen. Jedoch am häufigsten wurden die Schiffsnamen Fortuna und Hoffnung verwendet, z.B. in der ersten Hälfte des 18. Jhs fünfzehn- bzw. siebzehnmal.

Emblem der Bordingsführer-Zunft aus der Kapelle der Johanniskirche (s.S. 50 f.). (unten)

Maritime Szene an der Kanzel der Marienkirche, ursprünglich zur Johanniskirche gehörend.

Der Danziger Segler *Spekulation* kehrt nach einem schweren Sturm in den Heimathafen zurück (Gemälde von 1851 – im CMM).

1523-1557	Die Reformation hält in Danzig Einzug, und die Stadt erhält vom katholischen polnischen König schließlich das Recht der freien Religionsausübung. Danzig erreicht im 16. und 17. Jh. seine Blütezeit, in der auch viele der prunkvollen Bauten und Kunstwerke – vor allem unter dem Einfluß niederländischer Meister – entstehen. Die Stadt hat in der zweiten Hälfte des 16. Jhs fast 40 000 Einwohner.
1568	Gründung der Admiralität in Danzig durch Sigismund II.
1572	Der polnische König Sigismund II. August, der letzte Jagiellonensproß, stirbt. Polen wird eine Adelsrepublik, die sich ihren König selbst wählt.

Große Auswirkungen auf den **Seehandel** Danzigs hatte der Krieg der preußischen Städte gegen den Deutschen Orden, welcher als Dreizehnjähriger Krieg in die Geschichte einging. 1454 kündigten u.a. 19 Städte des Preußischen Bundes dem Deutschen Orden ihren Gehorsam auf und baten den polnischen König, sich unter seinen Schutz stellen zu dürfen. Kurz danach erklärte Polen dem Orden den Krieg. Infolgedessen nahm auch Danzig direkt an den Kämpfen teil und leistete einen bedeutenden finanziellen und militärischen Beitrag. Kriegshandlungen fanden nicht nur zu Lande, sondern auch auf den Binnen- und Seegewässern statt.

Seekrieg

Die Historiker schätzen, daß Danzig zu dieser Zeit über eine Flotte von 200 großen und zahlreichen kleinen Schiffen verfügte, auf denen insgesamt mehrere zehntausend Mann dienten. Die ersten Operationen der Danziger Flotte fanden bereits 1455 auf dem Frischen Haff statt. 13 Danziger Schiffe griffen die Streitkräfte des Ordens an. Keine der Parteien konnte jedoch einen entscheidenden Erfolg erringen.

Angesichts des sich ausweitenden Krieges fanden beide Seiten Verbündete: Der König von Dänemark und die Holländer, welche Angriffe gegen Danziger Schiffe unternahmen, um die Blockade von Kneiphof (den Hafen von Königsberg) zu brechen, unterstützten den Orden. Auch innerhalb der Hanse kam es zur Spaltung, weil die führenden Zentren offen gegen den Handel der preußischen Städte auftraten. Für Polen und die verbündeten Städte ergriff dagegen der König von Schweden Partei.

Kaperflotte

Die Taktik der Danziger Seekriegshandlungen beruhte 1456/57 darauf, eine Kaperflotte zu schaffen, welche die Ordenshäfen Kneiphof und Memel blockieren sowie Handelsschiffe des Gegners angreifen sollte. 1458 setzte Danzig 33 Kaperschiffe ein, um eine Handelsblockade des Gegners einzuleiten. Die Befehlshaber der Kaperschiffe gingen jedoch vielfach nach eigenem Gutdünken vor. So begaben sich einige in die Nähe der dänischen Küste, wo sie auch Frachtschiffe neutraler Städte angriffen. Insgesamt kaperten sie mindestens 45 fremde Schiffe, von denen etwa 20 den Eigentümern wieder zurückgegeben werden konnten. Es wurden aber auch fremde Kaperschiffe bekämpft. So brachten die Danziger Kaper bei Hela einen dänischen Kaper auf, dessen Kapitän Mortensen mit der gesamten Mannschaft hingerichtet wurde.

Orden unterliegt

Die Aktionen der Kaperer erwiesen sich als wirksam, denn 1458 wurde in Danzig auf Initiative des dänischen Königs Christian I. ein Waffenstillstand mit dem Orden vereinbart. Doch schon 1460 brachen neue Kämpfe aus. Auf die Versuche des Ordens, den Danziger Hafen zu blockieren, antwortete die Stadt mit neuen Kaperbriefen. Danzig besaß auch eine Flottille von Binnenschiffen, die sowohl zu Landungsoperationen im Haff und auf der Weichsel eingesetzt wurde als auch mit dem Gegner Gefechte führte. 1463 lieferten sich die vereinigten Danziger und Elbinger Seestreitkräfte (mindestens 30 bewaffnete Fahrzeuge) im Frischen Haff eine Schlacht mit Schiffen des Ordens. Durch Entern wurden 45 Fahrzeuge aus Königsberg und Braunsberg erobert und die Mannschaften gefangen genommen. Das war ein Wendepunkt im Krieg, der die Überlegenheit der polnischen Streitmacht deutlich zeigte. Der 1466 mit dem Deutschen Orden geschlossene Friede bestätigte die Angliederung Danzigs als unabhängige Stadtrepublik mit selbständiger Verwaltung und Gerichtsbarkeit an Polen.

Privilegien

Auf wirtschaftlicher Ebene erwuchsen daraus zahlreiche Handelsprivilegien, die günstige Voraussetzungen für die weitere Entwicklung der Stadt bildeten. Unter anderem erhielt sie das Recht, eine eigene Münze zu prägen, jedoch mit dem Bildnis und dem Namen des polnischen Königs. Im Seewesen erhielt Danzig das Recht zur Kontrolle über die Küste vom

Die alte Mündung der Weichsel im 17. Jh. mit dem gleichnamigen Fort und Schiffen auf der Reede. (Leihgabe des Thorner Museums im CMM)

Herzogtum Stolp bis zu dem von Elbing verwalteten Gebiet. Mit königlicher Erlaubnis durfte Danzig die Schiffahrtssaison eröffnen bzw. beschließen und konnte nach seinem Ermessen Piraten bekämpfen. Ein Privileg hob auch das Stapelrecht der Städte, die an den Wasserwegen von Polen und Litauen bis nach Danzig lagen, auf. Nur noch der Rat konnte nunmehr ausländischen Kaufleuten die Erlaubnis zur Handelstätigkeit in der Stadt erteilen.

Durch den Sieg über den Orden wurde die Position Danzigs gestärkt, das sich dank seines Seehandels zu einer der führenden Städte Europas während der Renaissance entwickelte.

Hanse im Niedergang

Am Ende des 15. Jhs wurde die dominierende Stellung der Hanse immer mehr von den sich entwickelnden Handelszentren in Holland und England gefährdet. Es kam zu zahlreichen Auseinandersetzungen.

1469 begann der Seekrieg zwischen der Hanse und Dänemark einerseits und mit England andererseits. Gleichzeitig begann Lübeck 1469 einen Krieg gegen Holland. In beiden Konflikten nahm Danzig eine Sonderstellung ein, indem es Kriegshandlungen gegen Holland unterließ und sogar gegen die hansische

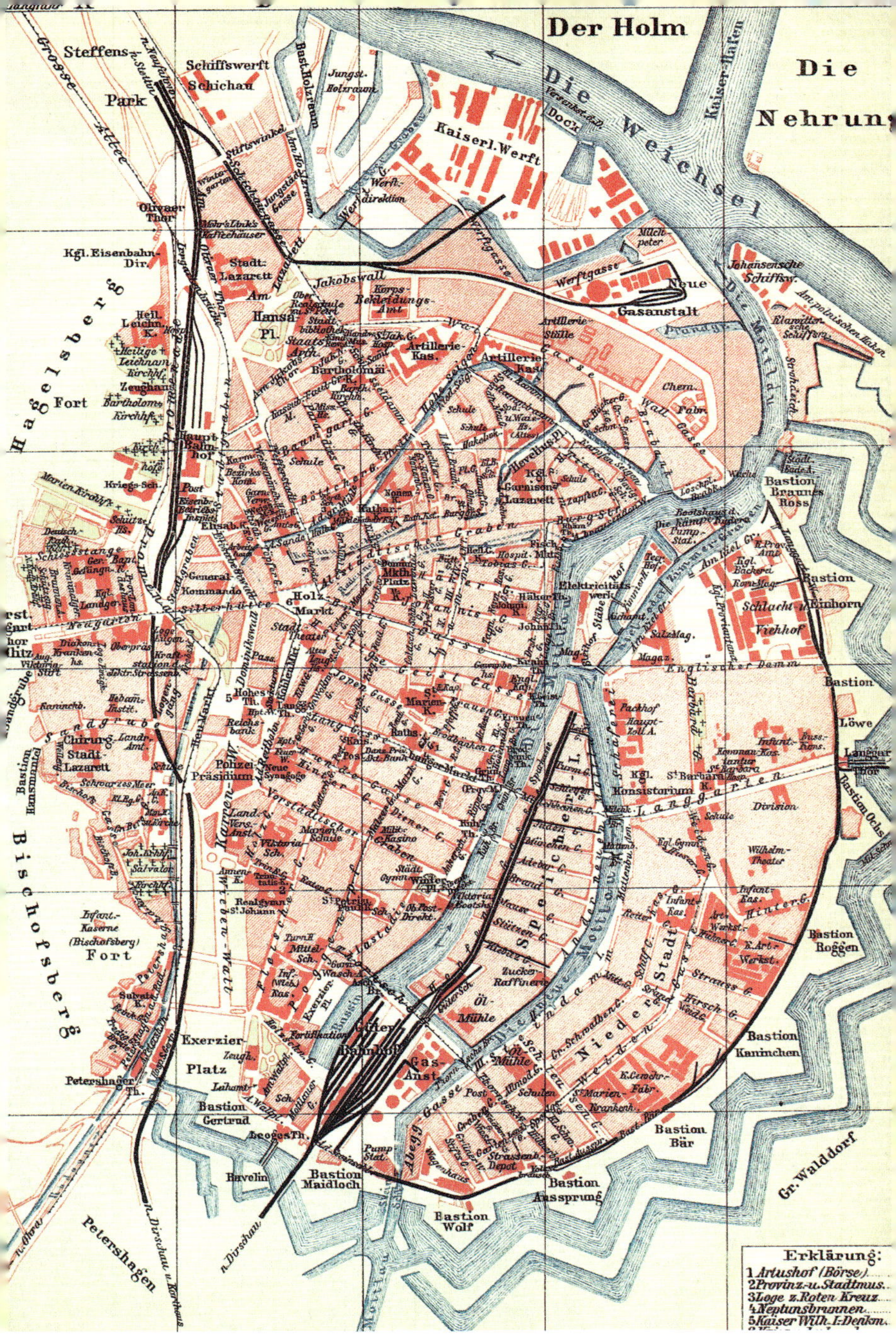

Stadtplan von Danzig aus dem Jahre 1907 (Quelle: Brockhaus)

1462 traf in Danzig ein großes französisches Kraweelschiff, die *Pierre de la Rochelle* (Länge über Deck 42,75 m, Breite 12,04 m), ein. Der Segler wurde von einem Blitz getroffen und brannte teilweise aus, so daß der Reeder ihn aufgeben mußte. 1470 übernahm die Stadt das Wrack und ließ es reparieren. Zum Kaperschiff ausgerüstet, erhielt es den Namen *Peter von Danzig*, oft auch *Das Große Kraweel* genannt.

Stapelpolitik auftrat. Dagegen nahm es aktiv an der Bekämpfung der englischen Schifffahrt teil. Bereits 1469 wurden zahlreiche Kaperschiffe gegen England ausgesandt. In den nächsten Jahren folgten weitere Fahrzeuge, darunter 1471 das große Kraweelschiff *Peter von Danzig* mit 330 Mann unter dem Ratsherrn Bernt Pawest. Die Operationen verliefen nicht immer erfolgreich. So mußten 1472 die Danziger Schiffe etliche Verluste hinnehmen. Das Jahr 1473 war erfolgreicher, denn die Besatzung der *Peter von Danzig*, nun unter dem Kommando des bekannten Korsaren Paul Beneke, brachte einige englische Schiffe auf, darunter eines mit hohen englischen Beamten an Bord und ein anderes, das von Brügge nach England mit der Ladung eines florentinischen Kaufmanns unterwegs war. Auf letzterem wurde außer reicher Beute auch das Gemälde Hans Memlings »Das Jüngste Gericht« gefunden, welches die Mediceer für eine Kirche in Florenz bestellt hatten. Paul Beneke brachte es nach Danzig, wo es in der St. Georg-Kapelle der Marienkirche angebracht wurde.

Utrechter Frieden

Nach fünfjährigem Krieg schloß die Hanse 1474 mit England den Utrechter Frieden, der als Gegenleistung für die Zusicherung einer freien Schiffahrt durch die dänischen Meerengen der Hanse Entschädigungen und Handelsvorrechte in englischen Häfen zubilligte. Erleichterungen im Ostseehandel erfuhr auch Holland, allerdings konnte das Verbot der Einfahrt in die Ostsee für seine Schiffe offiziell erst unter dem Druck der Danziger im Frieden von Kalmar 1487 aufgehoben werden. Der Frieden von 1474 befreite auch die Holländer vom hanseatischen Stapelrecht in Brügge, was eine Steigerung des Handels zwischen Danzig und Holland ermöglichte. In der Folge eröffneten zahlreiche holländische Kaufleute ihre Kontore in Danzig. Anstatt Ballast führten nun die Danzig anlaufenden Schiffe große Mengen Nordseeheringe mit sich.

Partner Holland

Die Beendigung der Auseinandersetzungen zwischen Danzig und England verbesserte die Sicherheit Danziger Schiffe in der Nordsee und im Atlantik nicht wesentlich, zumal sie darüber hinaus oft von Korsaren aus verschiedenen französischen Städten angegriffen wurden und dadurch beträchtliche Verluste erlitten.

Die weitere Entwicklung Danzigs war von einer guten Zusammenarbeit mit dem wirtschaftlichen Hinterland, das Polen bildete, abhängig, und diese Loyalität sicherte ihr die im Warenaustausch mit Europa notwendigen Privilegien. Von Nachteil waren jedoch die Forderungen der polnischen Herrscher nach einer gemeinsamen Kriegsführung zur Erlan-

Der Danziger Kapitän Paul Beneke kapert mit der *Peter von Danzig* ein italienisches Handelsschiff, vermutlich die *Galayde* mit Memlings Gemälde an Bord. Seit Ende des 13. Jhs wurde es üblich, einen Wimpel am Mast mit den Farben und dem Wappen der Heimatstadt zu führen.

gung der Vorherrschaft in der Ostsee, so daß die Danziger Flotte und der Handel häufig den Repressalien der Gegner Polens ausgesetzt war.

Seehandel ab 15. Jh.

Die Grundlage des Danziger Seehandels war also traditionell der Handel mit Waren von und nach Polen. Jedes Jahr kamen ein paar Tausend Schiffe und Flöße die Weichsel herunter. Meistens wurden auf ihnen Agrar- und Waldprodukte sowie Erze befördert. Besonders aber seit dem Ende des 15. Jhs bildeten Holz und Getreide die Hauptmasse der Waren. So wurden z. B. 1464 aus Danzig 6 110 Hunderte Wagenschoß (bestes Eichenholz für den Schiffbau u. ä.), 366 Hunderte Dauben, 248 Schock Dielen, 7 Hunderte Riemenholz, 46 Stück Eichen, 18 Stück Langholz (für Masten) exportiert. Auch die Preise des Holzes sind bekannt: In Danzig kostete 1468 ein Hundert Wagenschoß 3,50 preußische Mark, in London bekam man dafür 20 Mark. Hundert Dauben kosteten in Danzig 5 Mark, in London dagegen 40 Mark. Englische Schiffe liefen aber nur selten in Danzig ein, in den Jahren 1460–1583 waren es nur 0,1 bis 3,7% aller registrierten Fahrzeuge. Von den niederländischen Küsten kamen 1460 nicht einmal 4% der Frachtsegler, was einer Anzahl von 11 Schiffen entsprach. Doch dieser Verkehr entwickelte sich rasch und lag 1475 schon bei 24% (entsprach 160 Schiffen). 1583 hatte er dann 45% überschritten (entsprach 1 015 Schiffen). Dieser Handelsaustausch verlief umgekehrt proportional zu dem mit Lübeck und den wendischen Hansestädten, der von 38% aller nach Danzig einlaufenden Schiffe 1460 auf ca. 16% im Jahre 1583 zurückging.

Stadtchronik

In der Stadtchronik des Kaspar Weinreich findet man allerlei Informationen über die im Hafen abgewickelten Geschäfte. Zahlreiche Speicher und das Stapelrecht ermöglichten es den Danziger Kaufleuten, die Getreideausfuhr für einige Zeit zu stoppen, um die Preise ansteigen zu lassen. 1481 müssen die Bedingungen sehr günstig gewesen sein, als etwa 1 100 Schiffe verschiedener Größe nach Holland, Seeland und Flandern segelten. 1491 wurde es für einige Monate verboten, Getreide zu verkaufen. Dieses Verbot wurde erst im Herbst aufgehoben. Aus diesem Grunde, d. h. wegen der schon vorangeschrittenen Jahreszeit, sind etwa 20 Holländer mit ihren Schiffen in Danzig geblieben. Eine große Flotte, so berichtet Weinreich, »wol bey 70 schiffe, die von osten westwärts wolden« stach jedoch in See, »von diesen schiffen wenig vberhalden vnd musten bleiben (got bessers!)«. Besonders viele Schiffe der Kaufleute aus Kampen gingen dabei verloren.

Konvois

Das Zusammenschließen der Schiffe zu Flotten, sog. Konvois, war kein Zufall, denn die Fahrten im großen Verband gaben mehr Sicherheit, insbesondere bei Angriffen einzelner Kaperschiffe. So segelte 1473 ein Verband von 50 Schiffen nach Flandern, u.a. mit viel preußischem Bier. Es liefen aber auch einzelne Schiffe aus, wie z.B. 1479 ein Danziger Schiff mit 70 Warenlasten nach Island.

Salzimport

Eine begehrte Importware war Salz. Es diente nicht nur als Gewürz, sondern vor allem als Konservierungsmittel für Fische (hauptsächlich Heringe) und Fleisch. Über Jahrhunderte hinweg wurde es aus verschiedenen europäischen Zentren an die Mottlau gebracht, was von der jeweiligen politischen und wirtschaftlichen Lage der Stadt abhängig war. Das eingeführte Salz wurde nur zum Teil in der Region verbraucht, ein Großteil wurde nach Pommern und Litauen verschickt. So wurden z.B. 1473 nach Litauen, vermutlich auf dem Landweg über Königsberg, 1806 Lasten Salz transportiert und darüber hinaus Heringe und Tuch. Von dort wurden Wagenschoß, Pottasche, Wachs, Flachs, Hanf, Pelze und kleinere Mengen Getreide gebracht.

In der zweiten Hälfte des 15. Jhs wurde massenhaft Salz aus Lüneburg über Lübeck eingeführt. Als jedoch 1473 in Lübeck ein ungewöhnlich hoher Ausfuhrzoll erhoben wurde, wandten sich viele Ostseestädte, darunter Danzig, den französischen Häfen am Atlantik zu. Besonders viel Salz kam wegen des niedrigen Preises aus Baie de Bourgneuf. Aber auch dort gab es vorübergehende Schwierigkeiten. Das belegt die Rückkehr zweier Schiffe im Herbst 1485 aus Baie unter Ballast, weil sie dort kein Salz hatten kaufen können. Doch schon ein Jahr später war in Danzig wiederum ausreichend Salz aus Häfen an der Biscaya vorhanden. 1498 wurden dagegen nur 106 Schiffe mit 1739 Lasten Salz (79% aller eingeführten Ladungen) verzeichnet. Ende des 15. Jhs importierte man sogar Salz aus Portugal.

Angesichts der wachsenden Zahl von Schiffen, die Ende des 15. Jhs in Danzig einliefen, wurden die Geschäfte der einheimischen Kaufleute, welche Anteile an Schiffen besaßen, gefährdet. Für ihre Schiffe gab es oft keine Ladungen, weil diese von fremden Fahrzeugen transportiert wurden. Man wollte deshalb durch eine Verordnung des Rates das bevorzugte Beladen von Danziger Schiffen erzwingen. Ein solches Dokument wurde jedoch erst 1547 verfaßt. Darin wurde den einheimischen Reedern und Schiffern das Vorrecht auf Frachten in bestimmten Jahreszeiten eingeräumt. Später wurde es auf die ganze Saison ausgeweitet. Fremde Schiffe konnten erst nach der Beladung aller im Hafen befindlichen Danziger Schiffe eigene Ladungen aufnehmen. Diese Vorschrift konnte jedoch wegen des starken Bündnisses zwischen der Danziger und der holländischen Kaufmannschaft nicht allzu lange aufrecht erhalten werden. So wurden im 17. Jh. Frachten für fremde Schiffe, die nach Holland und Dänemark segelten, von diesen Beschränkungen befreit.

Kampf um Frachten

Seehandel im 16. Jh.

Im 16. Jh. wurden deutliche Änderungen der Danziger Handelspolitik erkennbar – die Hanse hatte ihre Überlegenheit im Warenaustausch gegenüber den niederländischen und englischen Zentren verloren. Das wird in der Anzahl der niederländischen Städte, welche mit Danzig Geschäfte abwickelten, sichtbar: 6 waren es 1460 und 57 im Jahre 1583. Ein anderes Beispiel für diesen Sachverhalt: Von 1475–1485 sandte Danzig als Mitglied der Hanse fast 50% seiner Handelskorrespondenz nach Lübeck, dagegen in den Jahren 1550–1555 lediglich knapp 18%. Dafür wuchs der Schriftwechsel mit England und Holland sowie mit anderen Hansestädten erheblich. Seit dem 15. Jh. führten die Hanseschiffe zudem einen Zollbrief mit sich, in dem u. a. die Ladung und der Heimathafen vermerkt waren.

Hafen im 16. Jh.

Die zunehmende Größe der Schiffe Ende des 15. Jhs wirkte sich auch auf die Situation im Danziger **Hafen** aus. Der größere Tiefgang erschwerte die sichere Einfahrt in den Hafen, und sogar auslaufende Schiffe erlitten Havarien. Ohne Zweifel hat auch die Neutralitätspolitik der Stadt, wonach die tiefergehenden Kriegsschiffe, selbst die des polnischen Königs, im Hafen unerwünscht waren, auf diese Entwicklung ihren Einfluß ausgeübt. Obwohl Hafen und Stadt befestigt waren, baute man im ausgehenden 15. Jh. von Wasser umgebene Festungen zur Sicherung der Schiff-

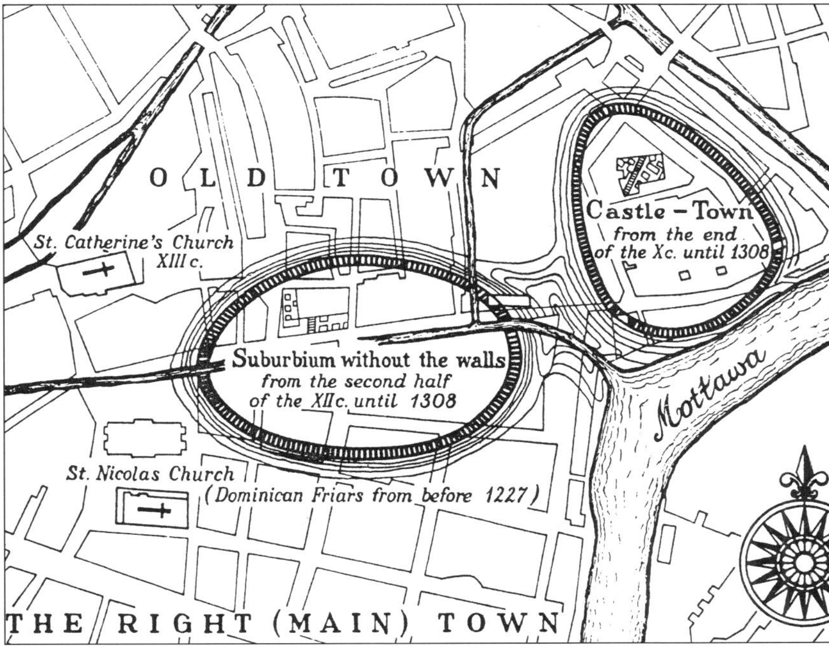

Lageplan der historischen Besiedlung in Danzig anhand von Ausgrabungen.

fahrtswege. Eine solche war die Feste Weichselmünde. Ihr Bau wurde 1482 mit der Errichtung eines runden, 60 Fuß (17,16 m) hohen Turms des Leuchtfeuers begonnen. In den Jahren 1562–1563, unter der Regierung Sigismund II.,wurde er mit einer Bastei, einem sog. Kranz, umgeben. Es war ein dreigeschossiges Bauwerk, gleichfalls kreisrund mit einem Durchmesser von ca. 30 m, das zur Verteidigung des Danziger Hafeneingangs mit Geschützen auf den zwei oberen Etagen versehen war. Die untere Etage nahmen Lager und Unterstände ein.

Schiffbau im 15. Jh.

In der zweiten Hälfte des 15. Jhs wurden in Danzig sogar Schiffe mit 200 Lasten gebaut. Ab und zu haben in der Stadt auch Ausländer gewirkt – das ergibt sich aus einer Notiz von 1473 in der Chronik von Kaspar Weinreich, wo vom Tod eines Lombarden berichtet wird, der ein großes Schiff mit 51 Ellen Kiellänge (29,07 m) bauen ließ.

Der **Schiffbau** erlebte in Danzig sowohl günstige als auch besonders kritische Perioden. Eine solche kritische gab es z. B. 1485, als auf der Lastadie nur ein einziges Schiff von 60 Lasten gebaut wurde und nach

Weinreich: »So war es nie gehort bey menschen denken, das die lastadie so wuste gestanden hot als das yor«. Die Lastadie war nicht der einzige Platz, wo die Danziger ihre Schiffe bauten. Das belegt die eben zitierte Chronik für das Jahr 1486, als von der Weichsel nach Danzig ein Schiff kam, das bei Marienwerder (poln. Kwidzyn) gebaut worden war und einen Kiel von 50 Ellen (28,5 m) hatte. Ebenso ließ 1488 ein Danziger holländischer Abstammung im Winter auf dem Strand bei Gdingen ein Schiff mit 36 Ellen (20,5 m) Kiellänge bauen. Der Schiffsrumpf war so groß, daß man ihn mit zwei Weichselkähnen aufs Wasser brachte und nach Danzig bugsierte, wo er am Brotbänkentor, nur mit dem Fockmast versehen, anlegte, so daß Groß- und Besanmast erst dort aufgestellt wurden.

Das Bauen außerhalb der Lastadie hatte offensichtlich seine Vorteile: einfacheres Erlangen des Baumaterials, niedrigere Transportkosten und die Tatsache, daß dort das Verbot der Hanse, Schiffe für Fremde zu bauen, nicht galt. Tatsache ist aber auch, daß solche Verbote selbst in Zeiten, in denen die Bande zwischen Danzig und der Hanse stark waren, häufig mißachtet wurden.

Schiffbau im 16. Jh.

Zu Beginn des 16. Jhs stieg der Bedarf an Schiffsneubauten. Demzufolge wuchs die Zahl der in der Werft beschäftigten Fachleute. Nach einem Verzeichnis von 1526 waren in Danzig allein 130 Schiffszimmerleute und 15 Seiler tätig. Dieses Potential von Fachkräften ermöglichte Mitte des 16. Jhs den Bau großer Schiffe für das Ausland. So wurden in Danzig u. a. drei Kriegsschiffe für die Flotte des englischen Königs, Heinrich VIII., gefertigt. Diese Flotte bestand größtenteils aus Fahrzeugen, die auf Ostseewerften gebaut worden waren. In der zweiten Hälfte des 16. Jhs ging der Schiffbau jedoch wieder zurück, weil einmal im Ausland verstärkt eigene Werften errichtet wurden, und weil zum anderen die Danziger Kaufleute ihren Handel mit fremden Schiffen abwickelten.

Fischerei im 15. Jh.

Eine wichtige Rolle in der Wirtschaft Danzigs spielte der Handel mit Fischen, der sich besonders im ausgehenden 15. Jh. entwickelte. Bis dahin hatten zwei **Fischereizentren** bestanden, die Danzig belieferten: ein lokales, das die Küsten- und Binnengewässer ausbeutete, und ein auf Seefischerei eingestelltes in Hela. Der dortige Hafen war Stützpunkt einer Flotte von Fischereifahrzeugen, an denen Danziger Kaufleute bedeutende Anteile besaßen. Diese waren auch die Empfänger der gefangenen Fische. Trotzdem konnte die lokale Fischerei den Bedarf, insbesondere an Heringen, nicht decken. Deshalb war die Einfuhr notwendig. Heringe wurden aus Skanör und Falsterbo in Schonen, in der Nähe traditioneller Fangplätze, herbeigeschafft. In Falsterbo hatte Danzig sogar seit 1368 eine eigene Faktorei, welche die Interessen Danziger Kaufleute sicherte. So teilte z. B. der Danziger Chronist 1486 mit, daß Rekordheringsfänge an den Küsten von Schonen die Preise für Fische sinken ließen. Ähnlich war es 1492 und 1493. Im Ergebnis konnte man im Sund Heringe fast kostenlos bekommen (»das vil fischer den hering weggoben«). 1494 kauften die Danziger in Schonen 878 Lasten Heringe, das war nicht weniger als 21% des gesamten dortigen Fangs. Ein Teil dieser Ladungen blieb in der Stadt, der größere Teil aber wurde ins Binnenland transportiert. Diese Fische wurden auf zweierlei Weise konserviert: als gesalzene in Fässern und als getrocknete in Bündeln. Zu Beginn des 15. Jhs tauchten auf dem Danziger Markt bereits aus Holland eingeführte Heringe auf.

Heringsimport

Nach dem 13jährigen Krieg mit dem Deutschen Orden bewarben sich die Danziger bei den polnischen Königen um die Besitzrechte für Hela. Die Schenkung eines Teils der Halbinsel (bis Heisternest) erfolgte im Jahre 1526.

Unter der Herrschaft der Wahlkönige

Kurzchronik

1573

Heinrich von Valois wird vom polnischen Adel zum König gewählt. Doch verläßt er noch im gleichen Jahr das Land, um als Heinrich III. König von Frankreich zu werden. Ihm folgen 1575 Stefan Batory und 1586 der schwedische Thronfolger als Sigismund III.

Letzterer will über Schweden und Polen gleichzeitig herrschen. Jedoch sagt sich Schweden von dieser Verbindung los, so daß ein langer Krieg zwischen beiden Staaten entbrennt, der das polnische Reich erheblich schwächt und erst durch den Frieden von Oliva 1660 beendet wird. Danzig versucht, dabei

Neutralität zu bewahren, so auch 1623, als der schwedische König Gustav II. Adolf demonstrativ mit 21 Kriegsschiffen auf der Reede von Danzig erscheint. Auf die Situation Danzigs Rücksicht nehmend, läßt Sigismund III. seine Kriegsschiffe in Putzig bauen, die jedoch in Danzig bestückt und bemannt werden. Trotzdem wird Danzig immer wieder in die kriegerischen Auseinandersetzungen hineingezogen.

1598 Sigismund III. Wasa stellt in Danzig eine königliche Flotte auf.

1611 Am 28. Januar wird in Danzig der berühmte Astronom Jan Hevelius geboren.

1627 Sieg der polnischen Flotte über die schwedische in der Schlacht von Oliva.

1660 Am 3. Mai wird zwischen Polen und Schweden der Frieden von Oliva geschlossen.

1696 Der polnische König Jan Sobieski (1674–1696) stirbt, und der polnische Thron fällt bis 1768 an die Kurfürsten von Sachsen.

1700 Ausbruch des Großen Nordischen Krieges, zunächst von Rußland, Dänemark, Sachsen und Polen gegen Schweden geführt, der bis 1721 dauert. Der Krieg greift zeitweilig auch auf polnisches Gebiet über, so daß die Warenzufuhr zum Danziger Hafen deutlich sinkt. Aber auch die Getreideausfuhr leidet unter den Auseinandersetzungen, als z.B. die Schweden 1717 zehn Danziger Schiffe kaperten. Ein allmählicher wirtschaftlicher Niedergang setzt ein.

1709 Mehrfach bricht in Danzig die Pest aus, so auch in diesem Jahr, als ihr etwa 24 500 Menschen zum Opfer fallen. Die Einwohnerzahl hatte davor etwa 50 000 betragen.

1734 Der russische Feldmarschall Münnich belagert und erobert Danzig, weil es bei den polnischen Thronstreitigkeiten für den Gegenkönig Augusts III., Stanislaus Leszczyński, Partei ergriffen hatte. Die Stadt muß eine hohe Kontributionszahlung leisten.

1772 Rußland, Österreich und Preußen beschließen die Teilung Polens, nachdem sie sich bereits zuvor in die politischen Belange des geschwächten Königreichs eingemischt hatten. Danzig bleibt zwar eine freie Stadt, aber das gesamte Umland bis Thorn, die Weichsel, Neufahrwasser und der Hafen werden preußisch. Damit ist sie faktisch vom Handel abgeschnitten. Zahlreiche wohlhabende Bürger verlassen die Stadt, was sich auch nach der 2. Teilung zunächst noch fortsetzt.

1793

Mit der 2. Teilung Polens wird Danzig preußisch. Am 3. April rücken preußische Truppen in die Stadt ein. Die Handelstätigkeit kann sich nun wieder entfalten.

Dank der steigenden Ausfuhr aus dem Gebiet der polnischen Adelsrepublik wuchs der **Handelsumsatz** im Danziger Hafen. Die Stadt hatte das Privileg, alle Waren aus Polen aufzukaufen, und nur sie durfte ausländische Waren nach Polen einführen. Demzufolge wickelte sie alle Geschäfte mit den überseeischen Partnern Polens ab. Dies machte sie zum bedeutendsten und reichsten Handelsplatz im Königreich. Auch wurden durch sie neue Kontakte geknüpft, z.B. 1580 mit verschiedenen italienischen Seestädten. Damals lief nämlich erstmals ein venezianisches Schiff in Danzig ein. Es gehörte dem Kaufmann Giorgio Suier und brachte Wein von Kreta. In den nächsten Jahren erschienen auf der Mottlau auch andere italienische Kaufleute, und einer davon, ein gewisser Ambrosio Lerice aus Genua, hat sogar in Danzig geheiratet.

Seit dem 16. Jh. faßten Danziger Kaufleute in Holland zusätzliche Exportgüter neben dem begehrten Tuch ins Auge, nicht nur, um die Handelsbilanz mit diesem bedeutenden Handelspartner auszugleichen, sondern auch, um das unrentable Füllen der heimwärts segelnden Schiffe mit Ballast zu vermeiden, denn Tuch als wichtigste Importware hatte nur

Der Danziger Innenhafen Anfang des 17. Jhs (von J. Dickmann): links im Bild die Speicherinsel und rechts das Krantor. Die an Pfählen festgemachten Schiffe wurden am Bollwerk entladen. In der sog. Pfahlkammer mußte der Schiffer seine Abgaben entrichten.

Eine Karte der südlichen Ostsee aus dem 16. Jh. mit der Danziger Bucht und der Weichselmündung von Olaus Magnus (Bischof von Upsala), der sich von 1527-1538 in Danzig aufhielt und dort die Seekartographie begründete. Seine Carta marina erschien 1539 in Venedig.

ein geringes Gewicht. So trafen 1583 in Danzig noch 36,6% der Schiffe unter Ballast ein. Eine dagegen auf dem Danziger Markt zunehmend begehrte Ladung aus Holland waren die bereits erwähnten Nordseeheringe.

Konkurrent Elbing

Im 16. Jh. bildete sich zunächst in Elbing das Zentrum des englischen Ostseehandels heraus. Bereits 1583 entstand dort eine Niederlassung der englischen Eastland Company, welche Handel mit

Schweden und Polen sowie deren Besitztümern in Livland, Preußen und Mecklenburg betrieb. Danzig blieb aber der Hauptlieferant des Schiffholzes für England. Die Stadt, obwohl auf den Handel mit Holland spezialisiert, unternahm jedoch verschiedene Versuche, um Elbings Rolle einzuschränken und das dortige englische Kontor zu beseitigen. Diese Bestrebungen hatten aber erst 1628 Erfolg, und seitdem war Danzig der Haupthafen der Engländer im Ostseeraum.

Seehandel ab 17. Jh.

Traditionell unterhielt Danzig bereits seit dem Mittelalter rege Handelskontakte mit Frankreich. Das machen Zahlen aus dänischen Archiven deutlich: Von 1588 Danziger Schiffen, welche von 1661–1715 in die Ostsee zurückkehrten, kamen 566, d. h. 36% aus französischen Häfen – meistens mehr als die Hälfte von ihnen mit Salz beladen.

Mit dem Seehandel Danzigs ging es nach dem Olivaer Frieden von 1660 nur langsam voran, bedingt durch die wirtschaftlichen Veränderungen in Europa und die türkischen Kriege, in die Polen über Jahre hinweg verwickelt war. Dazu hatte sich die Konkurrenz anderer Ostseehäfen verstärkt, vor allem die von Königsberg und Riga, aber auch von Elbing und Memel (Klaipeda). Auch die Schiffsanzahl hatte stark abgenommen: 1665 verfügte die Stadt lediglich über 6 große Schiffe und 10 Küstenfahrzeuge. Deshalb übernahmen mehrheitlich ausländische Schiffe den Warentransport.

Getreideexport

Danzigs Hauptexportware war Getreide aus Polen, von dem, je nach der politischen Lage in Europa, alljährlich etwa 3000–8000 Lasten ausgeführt wurden. In Kriegszeiten, wie z. B. während des großen Nordischen Krieges (1700–1721) wurden von 1701–1705 und von 1715–1720 jeweils 16 000 Lasten ausgeführt, dagegen waren es im Frieden, z. B. von 1721–1725 an die 40 000 Lasten.

Im 18. Jh. nahm die Zahl der in Danzig ansässigen Kaufleute deutlich zu. 233 von ihnen beschäftigten sich in den Jahren 1711–1720 mit dem Überseehandel außerhalb des Sunds und 137 mit dem Ostseehandel. Einen nicht geringen Anteil der Kaufleute bildeten Zuzügler aus Holland, Frankreich, Schweden, Großbritannien, Ostpreußen sowie aus Polen. Einer von diesen, Johann Philipp Schultz, übersiedelte aus dem nahen Putzig nach Danzig. Er war Mitglied des 1732 gegründeten Collegium der Acht Deputirten der löblichen zur See Handelnden Kaufmannschaft – einer Vertretung der Kaufmannschaft, die zur Zusammenarbeit mit dem Bürgermeister ausersehen war. Zum Kollegium gehörten vier Danziger, zwei Briten und zwei Niederländer. J. P. Schultz war in den Jahren 1726–1750 einer der aktivsten Kaufleute und Reeder, auf seine Rechnung wurden in Danzig nicht weniger als 38 Schiffe gebaut. Gleichzeitig wuchs die Anzahl der Seeleute, und wegen der Nachfrage nach Schiffern wurden im 18. Jh. nahezu 500 Personen eingebürgert.

Im 18. Jh. wurde eine allmähliche Abnahme der von holländischen Schiffen beförderten Waren sichtbar. Die Holländer wurden vorwiegend von den Engländern verdrängt.

Englands Haupthafen

Der englische Export nahm infolge der industriellen Revolution der siebziger Jahre zu, und mit ihm wuchs der größtenteils über Danzig laufende Import von Holz, Eisen, Flachs und Hanf – um drei Viertel im Vergleich zur Jahrhundertwende. Ein weiteres Beispiel: 1793 wurden aus Danzig 12 853 Lasten Getreide nach England transportiert, nach Holland nur noch 5 576 Lasten. In ähnlichem Verhältnis stand auch die Anzahl der Schiffe, die im Danziger Hafen anlegten – in den Jahren 1791–1793 waren es mehr als 1/3 englische und nur noch 1/6 holländische. Bis zur zweiten Teilung Polens im Jahre 1793 war Danzig für die Briten der Haupthafen in der Ostsee. Es büßte jedoch diese Bedeutung in den folgenden Jahren schrittweise wieder ein.

Die Tabelle zeigt einen quantitativen Vergleich der Schiffe der zwei Hauptspediteure und Danzigs, die von 1784–1795 den Sund in Richtung Ostsee passierten.

Schiffe/Jahr	**1784**	**1788**	**1792**	**1795**
britische	3179	3277	4347	2539
holländische	1362	1511	2187	2
Danziger	192	169	208	176

Die Danziger **Flotte** war in der zweiten Hälfte des 18. Jhs nicht sehr zahlreich. Sie bestand 1757 aus 73 Schiffen mit einer durchschnittlichen Tragfähigkeit von 115 Lasten. Ende dieses Jhs war die Anzahl ähn-

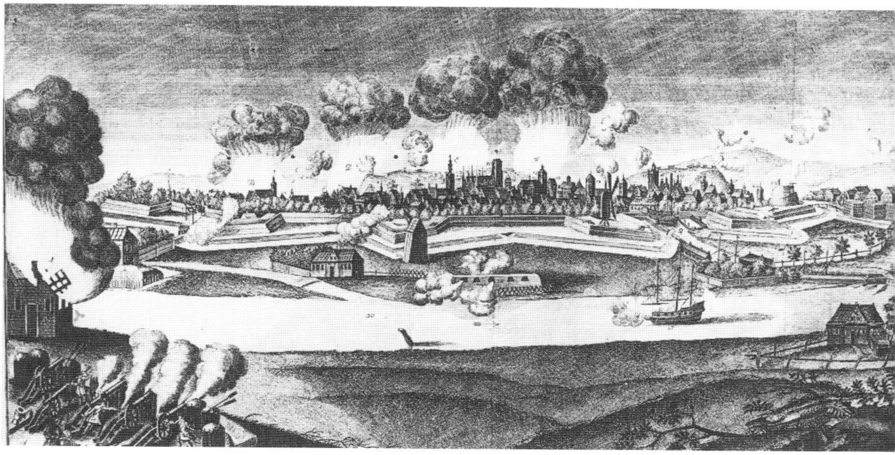

Danzig während der russisch-sächsischen Belagerung 1734: Die Stadt hatte den Gegenspieler von August III., dem gewählten polnischen König, unterstützt. Seit dem Großen Nordischen Krieg mußte das reiche Danzig für seine Sicherheit immer wieder Zahlungen an Schweden, die polnischen Wahlkönige oder das letztlich siegreiche Rußland leisten.

lich, nur die Größe der Schiffe hatte sich geändert. 1793 z. B. waren unter Danziger Flagge 71 Fahrzeuge mit einer durchschnittlichen Tragfähigkeit von 195 Lasten registriert.

Ab 1750 schlossen sich Danziger Kaufleute zusammen, indem sie ein Banksystem und eine Versicherungskasse für Schiffe, Frachten und Seeleute gründeten. Die finanzielle Versicherung von Schiffen war in Danzig bereits Ende des 17. Jhs bekannt, als die häufigen Seekriege in Nord- und Westeuropa den Danziger Reedern und Kaufleuten zahlreiche Verluste bereiteten. Es waren Kaskoversicherungen – also gegen größere Schäden am Schiff bzw. gegen dessen Verlust. Es ist nicht bekannt, ob auch die Ladung selbst versichert werden konnte.

Seerecht

Mit der Entwicklung des Danziger Hafens und der Zunahme des Schiffsverkehrs wurden verbindliche Regelungen notwendig. Also wurden Schiffahrtsgesetzbücher modifiziert bzw. neue verfaßt. Einige Muster rechtlicher Bestimmungen wurden den Verordnungen anderer Hafenstädte entnommen. Ein Beispiel dafür ist das Danziger **Schiffahrtsrecht** von 1488. Acht seiner Artikel fußten auf dem Lübecker Recht von 1254, die restlichen sechs, welche die Weichselschiffahrt betrafen, wurden einem Dokument von 1375 entnommen.

Gewohnheitsmäßig galt für Danzig jedoch das Schiffahrtsrecht aus Damme (Ortschaft bei Brügge) in Flandern, das eine Sammlung von Bestimmungen für Reeder, Schiffer, Kaufleute und Seeleute enthielt. Höchstwahrscheinlich wurden diese Vorschriften in Danzig zum ersten Mal 1407 kopiert und galten seitdem in der Stadt. 1522 wurde dieses Recht modifiziert, und es ist in Originalhandschrift sowie in einigen Abschriften erhalten geblieben. Auf den Entstehungsort Danzig weist der Titel »Ius Nauticum Civitatis Gedanensis« hin. Bei Streitigkeiten in maritimen Angelegenheiten wurden jedoch auch das lübische Recht sowie die Rezesse der Hanse und der Kodex von Visby herangezogen.

Strafkodex

Um die Disziplin auf den Handels- und Kriegsschiffen aufrecht zu erhalten, war auch ein Strafkodex notwendig. Gehorsamsverweigerungen und Meutereiversuche wurden je nach der Schwere des Vergehens entweder mit dem Tod bestraft oder durch »erziehende« Maßnahmen geahndet. Das konnte z.B. das Kielholen, d.h. ein- oder mehrmaliges Durchziehen des Seemanns mit einem Tau unter dem Schiffskiel, sein. So passierte es den meuternden Matrosen der Flotte Sigismunds III., deren Anführer z.B. dreimal auf der Mottlau vom Grünen Tor bis zum Krantor kielgeholt wurde.

Auf Handelsschiffen waren Streitigkeiten seltener und hatten auch andere Gründe, deswegen waren die vom Gesetz vorgesehenen Strafen milder. Dabei konnten die meuternden Matrosen, wenn sie Ungerechtigkeiten nachzuweisen vermochten, mit einer Entscheidung zu ihren Gunsten rechnen. So war es 1595, als wegen zu großer Arbeitsbelastung eine Meuterei gegen den Schiffer Cornelis Dircksen ausbrach. Der die Sache erörternde Danziger Bürgermeister schlug eine Einigung vor: Der Schiffer war einverstanden, die Matrosen für ihre zusätzliche Arbeit zu bezahlen und versprach, bei der bevorstehenden Reise nach Holland keine Repressalien ihnen gegenüber anzuwenden; dagegen gelobte die Crew, sich den Befehlen des Schiffers zu fügen und erneute Meutereiversuche zu unterlassen.

Kompetenzen im Hafen

Die gesetzlichen Regelungen über Schiffahrt, Schiffe und Frachten innerhalb des Danziger Hafens bestimmten genau die jeweiligen Kompetenzen. Unter der Verwaltung des Bürgermeisters befanden sich die Reede und der Außenhafen auf dem unteren Weichselabschnitt von Weichselmünde bis zum Polnischen Haken. Dem stellvertretenden Bürgermeister war der Innenhafen, also das Gelände und die Gewässer vom Polnischen Haken bis zu den Kais an der Mottlau, unterstellt.

See-/Beilbrief

Im Namen der Behörden unterschrieb der Bürgermeister maritime Dokumente und entschied bei Streitigkeiten zwischen Reedern und Wareneigentümern bzw. zwischen Reedern und Schiffern oder zwischen Schiffern und ihren Besatzungen. Der Bürgermeister stellte auch die beiden grundlegenden Dokumente aus, nämlich die Seebriefe und die Zertifikate. Die ersten enthielten Ausstellungsdatum, Schiffsnamen, dazu Vor- und Nachnamen der Eigentümer sowie des Schiffers mit einem Vermerk über deren Herkunft. In der ersten Hälfte des 18. Jhs wurde gelegentlich auch über den Schiffstyp informiert. Zusätzlich wurde ein Dokument für das Schiff selbst, der Beilbrief, ausgestellt, in dem bescheinigt wurde, daß das Schiff in Danzig erbaut worden war. Er enthielt Ausstellungsdatum, die Namen des Baumeisters und seiner Gehilfen, die Namen der den Bau bestellenden Personen, mitunter auch den Schiffstyp. Seebriefe wurden für Danziger Fahrzeuge ausgestellt, an denen Danziger Bürger mehr als die Hälfte der Anteile besaßen. Außerdem konnten mit Danziger Seebriefen Kauffahrteischiffe segeln, deren Bau Ausländer bestellt hatten, die kein Bürgerrecht besaßen, aber in Danzig ansässig waren. Ein detaillierteres Schiffsdokument, sozusagen eine Registrierurkunde, war der sog. Maßbrief, der für die Zollerhebung im Sund die drei Hauptmaße des Schiffes, d.h. Länge zwischen den Stevenenden, Breite über alles und Tiefe der Laderäume, in englischen Fuß festhielt. Zusätzlich wurden die Personalien des vermessenden, meistens eines Danziger Schiffszimmermanns und des Schiffsbesitzers angegeben. Dokumente dieser Art wurden vom Rat der Stadt bestätigt und mit dem Stadtsiegel versehen.

Maßbrief

Zertifikate

Zertifikate bezogen sich auf die beförderten Waren und bescheinigten, daß sie Danziger Eigentum waren. Die erhalten gebliebenen Dokumente belegen, daß Danziger Kaufleute auch als Zwischenhändler von fremden, d. h. in anderen Handelszentren tätigen Auftraggebern agierten. Das Zertifikat enthielt das Ausstellungsdatum, die Personalien des Wareneigentümers, eine Sortiment-Spezifikation mit der Größe der Ladung und den Bestimmungshafen. Es informierte auch, auf wessen Rechnung und Risiko der Transport erfolgte. Die amtliche Beglaubigung als Danziger Eigentum sollte die Ladung vor einer Beschlagnahme im Kriege bewahren, da Danzig strikte Neutralität zu wahren versuchte.

Der amtierende Bürgermeister leitete auch Verfahren gegen Schiffer, die für den Verlust von Schiffen, für Ladungsbeschädigungen während der Reise oder für Einbußen durch Korsarenüberfälle verantwortlich waren, ein.

Fahrwasser im 16. Jh.

Die Versandung des **Danziger Hafens** und der **Reede** war ein immer wiederkehrendes Problem. Die flachen und sich oft verändernden Fahrwasser waren für größere Schiffe gefährlich. So lief z. B. 1581 eine für einen venezianischen Kaufmann in Danzig gebaute Karacke beim Verlassen des Hafens auf Grund.

Um diesen Mißstand beheben zu können, wurde 1594 ein Fachmann aus Holland hinzugezogen, der die Schiffahrtswege mit Hilfe eines Baggers vertiefen ließ. Zu seinen Pflichten gehörte auch die Überwachung der Wassertiefe bei Weichselmünde.

Reedewächter

Einen wichtigen Posten in der Danziger Hafenverwaltung hatten die Reedewächter inne. Ihre Aufgabe war die Kontrolle der auf das Einlaufen wartenden Schiffe, um eine illegale Beseitigung des Ballasts zu verhindern. Die Überprüfung, die seit 1637 von vier Wächtern durchgeführt wurde, war sehr gründlich: Nach dem Betreten eines Schiffes wurde zunächst festgestellt, ob es Ballast führt. War dies der Fall, so informierte man über die geltenden Vorschriften und über die Konsequenzen, falls dieser ins Wasser entfernt würde. Es wurden die über den Wasserspiegel ragenden Teile des Vor- und Achterstevens gemessen und notiert, und danach wurde das Schiff regelmäßig überprüft.

Hafenlotsen

Die Strecke der direkten Zufahrt von der Reede zum Hafen, die sog. Seetiefe, wurde von den Hafenlotsen überwacht. Diese wirkten in Danzig bereits im 16. Jh. und hatten besondere Boote zur Verfügung, die neben dem Fort Weichselmünde stationiert waren (im 18. Jh. wurde ihre Station an das gegenüberliegende Ufer verlegt, näher zur Weichselmündung hin). Die Tiefe wurde alljährlich von einer Sonderkommission erkundet und mit Tonnen (von Reedeseite) sowie mit hölzernen Schwimmbojen, die mehrere zehn Meter voneinander verankert waren, gekennzeichnet. So konnte man in den Hafen ohne die Hilfe eines Lotsen gelangen. In der zweiten Hälfte des 16. Jhs wurden die Bestimmungen wegen der sich verschlechternden Fahrwasserverhältnisse strenger, und das Einlaufen ohne Lotsen war verboten.

Baumwächter

In der Hafenverwaltung waren auch sog. Baumwächter angestellt. Diese schlossen und öffneten die Zufahrten in den Hafen mittels einer Art Schlagbäume. Der Hafen wurde zur Nacht, nach dem Läuten der Glocken, gleichzeitig mit den Toren geschlossen. Der erste Baum lag am Polnischen Haken (verschloß die Hafeneinfahrt), der zweite im südlichen Stadtteil (versperrte den Zugang von der Mottlau) und der dritte im Radaunekanal. Der mit Bäumen abgesperrte Hafen wurde Innenhafen genannt. Die Weichsel zwischen dem Polnischen Haken und den Befestigungen von Weichselmünde wurde als Außenhafen bezeichnet.

Seit der Nutzung des Innenhafens war das Hauptproblem die nicht ausreichende Länge der Kais in seinem mittleren, attraktivsten Teil. Deshalb wurde es zur Tradition, die Schiffe, an denen die Verladearbeiten beendet waren, senkrecht zum Kai festzumachen. Weil aber nicht alle Schiffer diesem Prinzip folgten, legte das in Danzig seit 1611 geltende Seerecht die Frist von vier Tagen für das Ausladen fest. Für den Aufenthalt leerer Schiffe war der Kai am Fischmarkt vorgesehen, und zum Überwintern wurden die Fahrzeuge tiefer in den Hafen hineingeschleppt.

See- und Binnenschiffe auf der Mottlau um 1770: Am Krantor wird gerade ein Mast aufgerichtet. Nach einem Brand wurde anstelle des alten Hafenkrans 1444 das Krantor mit einem Ausleger zwischen zwei Wehrtürmen errichtet. Angetrieben von riesigen Treträdern, konnten an zwei Seilen Lasten gehoben oder auch Masten aufgestellt werden.

Hafen im 17. Jh.

Im 17. Jh. wurden die Kais des Innenhafens verlängert, indem man die Anlegestellen vor den Toren mit auf Pfählen ruhenden Stegen verband. Sie erstreckten sich nun vom Grünen Tor (umgebautes Koggentor) bis zum Krantor. Am gegenüberliegenden Mottlauufer, auf der Insel Bleihof und der größeren Speicherinsel, entstanden weitere Lagerhäuser, um die von und nach Polen strömenden Warenmengen zwischenzulagern. Neben den spätgotischen und nach dem Brand von 1536 wieder aufgebauten Speichern wurden neue gebaut, so daß deren Zahl Ende des 17. Jhs etwa 500 gegenüber 340 Ende des 15. Jhs betrug. Umgebaut wurden auch die Kais an der Neuen Mottlau, d. h. am östlichen Ufer der Speicherinsel. Die Verbindung beider Inseln mit der Stadt sicherten Zugbrücken und Fähren. Eine Fähre befand sich beispielsweise am Krantor.

Die seichten Gewässer des Danziger Hafens erforderten eine sichere Schiffsführung. So hatte sich eine Gruppe von Schiffern darauf spezialisiert, mit kleinen Fahrzeugen – Bordingen und Leichtern – auf die Reede zu fahren, um große Schiffe zu entoder zu beladen, wenn diese nicht mit vollbeladenen Laderäumen den Hafen anlaufen bzw. verlassen konnten.

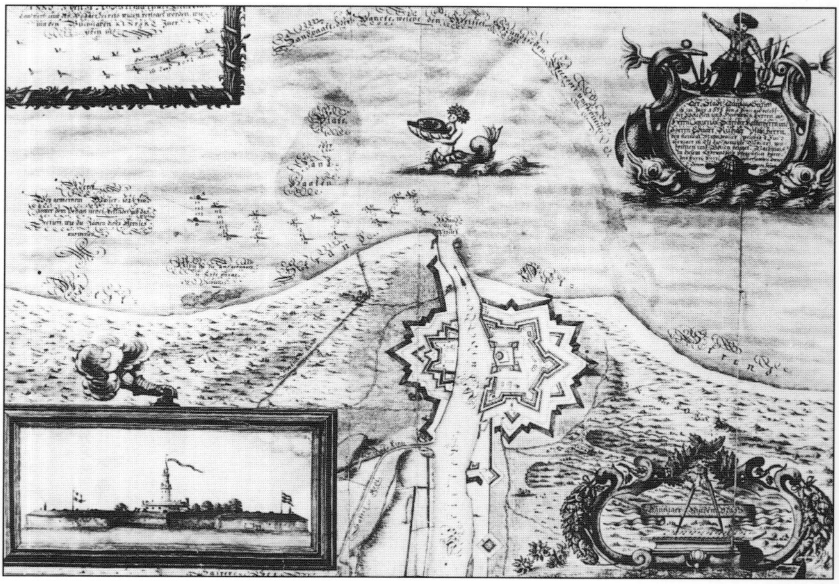

Das Fort Weichselmünde mit seinen Befestigungswerken Ende des 17. Jhs. Nordwestlich der Mündung ist die Untiefe »Plate« oder »Sandhaaken« zu erkennen, darunter das betonnte Fahrwasser – nach fortgeschrittener Versandung der spätere Hafenkanal.

Bordingsführer

Die Nachfrage nach Bordingen und deren Dienstleistungen führte im 18. Jh. zum Zusammenschluß ihrer Besitzer in einer Zunft. Diese Organisation hatte ein Monopol auf die Warenbeförderung zwischen Hafen und Reede sowie auf alle Verladearbeiten. Dagegen protestierten die Reeder, die zu solchen Tätigkeiten gern die Besatzungen ihrer Schiffe einsetzen wollten. Im Ergebnis dieser Bemühungen hob der Rat, allerdings erst 1733, das Umschlagsmonopol auf und erlaubte den Kaufleuten, für derartige Arbeiten auch Besatzungsmitglieder eigener Schiffe einzusetzen. Gleichzeitig wurden die Gebühren für die Dienstleistungen der Bording-Eigner vereinheitlicht, und alljährliche Kontrollen des technischen Zustandes dieser Schiffe und der Ballastschuten vorgenommen.

Brabank

Die zunehmende Größe der Schiffe war auch der Grund dafür, daß im 17. Jh. die **Werft** von der Lastadie auf die Brabank, in die Nähe des Außenhafens, verlegt wurde. Unweit davon hatte man 1605 einen neuen Kran, einen sog. Außen- oder Hinterkran, errichtet. Er diente mit seinem Ausleger zum Aufstellen von Masten auf den Weichselschiffen und sollte das alte Krantor entlasten. Die Gestalt seines Turmes knüpfte an die Bauform hölzerner Windmühlen an.

Hafenbefestigungen

Wie schon früher hatte man den **Befestigungen in Weichselmünde** viel Aufmerksamkeit gewidmet. Anfang des 17. Jhs wurden dort weitere Modernisierungen durchgeführt. Die bestehende Bastei wurde mit einem Fort carré umgeben. Darüber hinaus wurde die Ostschanze aufgeschüttet, der Ende des 17. Jhs auf dem gegenüberliegenden Ufer die Westschanze folgte. Viele der Wehrbauten und andere Gebäude in Danzig wurden mit holländischen Ziegelsteinen, die als Schiffsballast mitgeführt wurden, errichtet. Üblicherweise wurde der Ballast auf dem linken Weichselufer, in der Nähe des Forts Weichselmünde, gelagert.

Hafenkanal

Die Vertiefung des Fahrwassers in der Weichselmündung erforderte jedoch einen Platz für den ausgebaggerten Sand. Man lagerte ihn auf der allmählich wachsenden Insel Westerplatte ab, wo man den Bau eines Befestigungskomplexes plante. Die wichtigsten Arbeiten – unter der Leitung von Johann Charpentiers – fanden aber seit 1716 im eigentlichen Hafenkanal statt. Seine Ufer wurden mit langen, hölzernen Molen befestigt. Darüber hinaus baute man, um den Hafenkanal vom Flußbett der Weichsel zu trennen, 1724 eine neue Schleuse. Auf diese Weise wurde das Versanden des Kanals und des Zugangs zur westlichen Tiefe vermindert.

Fahrwasser im 17. Jh.

Im 17. Jh. wurde die **Kennzeichnung der Ansteuerung** des Danziger Hafens weiterentwickelt. Dabei spielte die Schifferzunft eine wichtige Rolle, weil sie den Rat der Stadt dazu bewegte, verschiedene Seezeichen, durch die das Einlaufen der Schiffe in die Danziger Bucht erleichtert wurde, anzubringen. Zu diesem Zweck pachtete die Stadt auf der Halbinsel Hela ein Gelände, auf dem ab 1638 allabendlich ein Feuer angezündet wurde, das jedoch 1667 einem Brand zum Opfer fiel. Am wiederaufgebauten Leuchtfeuer wurden Verbesserungen eingeführt, um seine Tragweite zu erhöhen. Es hatte einen Mast von 20 m Höhe, auf den an jedem Abend ein metallener Korb mit brennenden Kohlen hochgezogen wurde. Es wurde während der Saison, d. h. vom 24. August bis zum 3. Mai, betrieben – mit Ausnahme einer kurzen Winterperiode, wenn der Hafen und zuweilen auch die Reede vereist waren. Diese Gewohnheit hielt sich bis 1790, als die Schifferzunft beim Rat beantragte, das Feuer auch im Sommer brennen zu lassen und es auf eine andere, besser sichtbare Stelle zu verlegen. Nach dem Besuch einer Sonderkommission in Hela wurde eine diesbezügliche Entscheidung getroffen, und bald danach errichtete man dort den neuen Turm mit einer Wohnung für den Leuchtturmwärter.

Fahrwasser im 18. Jh.

Mitte des 18. Jhs hatte sich die Situation im Danziger Hafen verschlechtert. Die alte Weichselmündung verschlammte und wurde immer flacher, und als einziger schiffbarer Kanal blieb der westlich abbiegende Arm, dessen Wasser zwischen der heutigen Westerplatte und dem Stadtteil Neufahrwasser ins Meer floß. Somit hatte das alte Leuchtfeuer in Weichselmünde seine Bedeutung verloren, denn, obwohl es vom Meer aus immer noch gut sichtbar war, zeigte es den von See kommenden Schiffen nicht mehr die Einfahrt und die Fahrtrichtung an. Es ergab sich also die Notwendigkeit, ein neues Fahrwasser zu kennzeichnen. Man nutzte die niederländischen Erfahrungen und baute 1758 anstatt eines Leuchtturms, der den Seeleuten die Lage der Reede anzeigte, ein Richtfeuer aus zwei Leuchtbaken. Das Oberfeuer

Plan von Danzig aus dem 17. Jh. mit den einzelnen Stadtteilen. Die 1380 gegründete Jungstadt befand sich nördlich der Altstadt und wurde 1454 in das Stadtgebiet mit einbezogen. Das Hakelwerk lag vor dem Schloß – zur Altstadt hin.

war ein gemauerter Turm von 20 m Höhe und 10 m Durchmesser am Fuß, auf dem am 24. September 1758 erstmals das Feuer angezündet wurde. Das Unterfeuer war ein Kran, in dessen eisernem Korb Steinkohle verbrannt wurde. Keines dieser Bauwerke ist erhalten geblieben. Bei Inbetriebnahme des Richtfeuersystems hörte man auf, Weichselmünde als Leuchtturm zu benutzen.

Schiffbau im 17. Jh.

In der ersten Hälfte des 17. Jhs beschränkte sich die Tätigkeit der **Danziger Werften** auf Reparaturarbeiten und den Bau weniger, meist kleinerer Fahrzeuge. Außerdem erließ der Rat 1630 eine Verordnung, nach der es verboten war, Schiffe für fremde Reeder zu bauen, bzw. in der bestimmt wurde, daß ein Danziger Schiff erst nach 7jähriger Nutzung einem fremden Reeder verkauft werden durfte. Diese Verordnung und der Rückgang von Bestellungen neuer Schiffe zog eine Stagnation im lokalen Schiffbau nach sich. Eine weitere Konsequenz war, daß bereits in der Mitte dieses Jahrhunderts die Zahl der Danziger Schiffbauer deutlich abgenommen hatte.

Seit der 1. Hälfte des 17. Jhs kehrte die Politik der polnischen Herrscher für Jahrhunderte dem Meer den Rücken zu. In Danzig wurden jedoch weiterhin Schiffe gebaut. Organisatoren dieser Produktion waren oft die in der Stadt ansässigen Ausländer. Auch die Konstrukteure der Schiffe waren oftmals Neuankömmlinge. Im Schiffbau wurden Zimmerleute und ihre Gesellen, außerdem Bohrer, Nagelschmiede, Schnitzer, Maler, Kesselschmiede, Kleinschmiede, Holzblockdrechsler, Glaser, Maurer, Segel- und Seilmacher beschäftigt. Unter den Danziger Fachleuten findet man allerdings keine Kalfaterer, die auf den Werften Westeuropas zahlreich vertreten waren.

In der 2. Hälfte des 17. Jhs waren die wenigen, in Danzig noch tätigen Bootsbauer nicht fähig, die damals gebräuchlichen Schiffstypen zu bauen. Man bemühte sich um Abhilfe, indem man Schiffbauer aus Holland holte. Dazu wurden auch die örtlichen Zunftvorschriften gelockert, so daß selbst einfache Zimmerleute in den Werften arbeiten durften. Dies verbesserte die Lage des Danziger Schiffbaus, was sich im Bau von sieben Schiffen mit einer Tragfähigkeit bis 200 Lasten für die holländische Ostindien-Kompanie von 1671–1688 niederschlug. Damals waren das die größten Handelsschiffe für den Seeverkehr.

Der Aufschwung des Handels im ausgehenden 17. Jh. trug zum Entstehen vieler Schiffstypen mittlerer und kleiner Tragfähigkeit bei. Dies waren

Schiffsverkehr auf der Weichsel um 1770: Auf riesigen Lastkähnen wird Getreide aus dem polnischen Hinterland herangeschafft. Auf der Brabank (rechts oben) sind gerade mehrere Segelschiffe im Bau. Links davon sind der Zweimaster des J. Potocki (für den Frachttransport, aber auch zur Beförderung von Angehörigen der besseren Gesellschaft einsetzbar) sowie eine Fähre zu sehen.

u.a. holländische Galioten, Schmacke, Katschiffe und Huker. Sie wurden seit dem Ende des 17. Jhs auch in Danzig gebaut, größtenteils von holländischen Einwanderern, die ihre Heimat aus wirtschaftlichen Gründen, aber auch wegen religiöser Verfolgung verlassen hatten. Die Einfuhr der Ausrüstung für in Danzig gebaute Schiffe wird zuweilen durch den Mangel an qualifizierten Fachleuten erklärt. So hatte man z.B. 1712 in vier Monaten ein großes Katschiff namens *Fortuna* von 165 Lasten gebaut und dazu das Segeltuch, das Beiboot und die Anker aus Holland herangeschafft. Es ist aber nicht ausgeschlossen, daß die acht Gesellschafter, die dieses Schiff bestellten, die Ausstattungsteile dort preisgünstiger als in Danzig erhielten, oder daß sie die holländischen Handwerker unterstützen wollten. Daß man in Danzig auch komplette Schiffe bauen konnte, belegt der Bau von acht Fahrzeugen für Danziger Reeder im Jahre 1712.

Schiffbau im 18. Jh.

Einen Aufschwung erlebte der Schiffbau in Danzig von 1735–1765, als 234 Schiffe gebaut wurden, u.a. für Käufer aus Holland, Frankreich und Schweden. Die meisten entstanden in der neuen Werft auf der Brabank am Stadtrand, in der Nähe der Mottlaumündung in die Weichsel. Ein Fortschritt im lokalen Schiffbau war die 1761 vom Stadtrat erlassene Verordnung, wonach Schiffe nur noch anhand eines zeichnerischen Entwurfs und einer technischen Dokumentation gebaut werden durften und nicht mehr nur nach dem Gedächtnis und der Erfahrung des Meisters.

Die Konjunktur im Danziger Schiffbau Mitte des 18. Jhs hatte ihre Ursache in ungewöhnlich großen Lieferungen von polnischem Getreide nach Danzig, vor allem in den Jahren 1760–1770. Nach der ersten Teilung Polens und der Blockadepolitik der preußischen Behörden gegenüber Danzig hörte diese Zufuhr jedoch auf. Deshalb erhielten die Danziger Werften von 1771–1780 keine Bestellungen. Erst 1780–1783 wurden wieder Schiffe gebaut, jedoch Ende des 18. Jhs stagnierte der Danziger Schiffbau.

Fischerei 16./17. Jh.

Kaufleute holländischer Herkunft betrieben erfolgreich den Handel mit Nordseeheringen und waren daher nicht an einer Unterstützung der **Fischer**

von Hela interessiert. Vermutlich sind deshalb auch den in Danzig seßhaften Holländern die Stadtgesetze für Hela von 1583 zuzuschreiben. Darin wurden die Fischer von Hela verpflichtet, die gefangenen Fische in erster Linie an Danziger Kaufleute zu verkaufen, danach erst an Fremde und an Besatzungen der nach Danzig fahrenden Schiffe und zuletzt an die örtlichen Krämer. Zugleich wurde ein Verkauf der Fische von Hela in Danzig immer mehr eingeschränkt, so daß nicht nur das Ausbleiben der Heringsschwärme in der Ostsee der Grund für den Niedergang der Helaer Seefischerei war.

Heringsimport

Durch die Zunahme des Heringsimports wurde die Kapazität der nach Danzig segelnden Schiffe besser genutzt. Im 17. Jh. kamen – abhängig von der Saison – 13 bis 40% der Schiffe unter Ballast nach Danzig. Diese Angaben lassen keinen Rückschluß auf die beförderten Mengen holländischer und englischer Heringe zu, jedoch waren die Fische ein bedeutender Posten im Warenaustausch, was die Zollunterlagen des Sunds belegen. Wenn man den Anteil einiger Waren (Salz, Heringe, Stoffe) in ihrer Gesamtheit miteinander vergleicht, so ist in den ausgewählten Jahren zuweilen ein prozentualer Rückgang erkennbar, was aber keine Verminderung in absoluten Zahlen (im Vergleich zu 1565), sondern nur eine Steigerung der Nachfrage nach Stoffen bedeutet.

Einfuhr ausgewählter Waren über den Sund nach Danzig

Waren	**1565**	**1615**	**1635**	**1646**
Gesamte Warenmenge (im Vergleich zu 1565), davon	100%	164%	413%	496%
Salz	23%	15%	8%	5%
Heringe	20%	36%	13%	22%
Stoffe	28%	25%	52%	56%

Von den im Zeitraum 1671–1700 nach Danzig eingeführten Fischen waren mehr als 97% Heringe. Den größten Teil davon lieferten die Holländer mit 77%, danach folgten die Schotten mit knapp 12% (das entsprach 6105 Lasten). Drittgrößter Lieferant waren die Norweger mit über 8%.

Die Hafenstadt wird preußisch und gehört zum Deutschen Reich bis 1920

	Kurzchronik
Nach der preußischen Besetzung büßt die freie Handelsstadt einen Großteil ihrer bisherigen Rechte und ihre Selbstverwaltung ein.	1793
Napoleons Truppen besetzen im März die Stadt. Obwohl formal unabhängig, wird sie bis Ende November 1813 von einem französischen Gouverneur verwaltet.	1807
Nach der Wiener Kongreßakte fällt Danzig wieder an Preußen und wird allmählich fest in das Königreich integriert.	1815
Erstmals laufen Dampfschiffe in Danzig ein. Im selben Jahr erscheint die Zeitschrift »Danziger Dampfboot«.	1827
Abschaffung des Zolls im Öresund.	1857
Die »Danziger Zeitung« mit zahlreichen Informationen über Schiffahrt und Schiffe erscheint erstmals.	1858
Gründung des Deutschen Reiches mit der Kaiserproklamation vom 18. Januar in Versailles.	1871
Am 28. Juli bricht der Erste Weltkrieg aus, der bis 1918 dauert. Der Danziger Hafen wird zu einem wichtigen Stützpunkt der Kaiserlichen Marine.	1914
Am 28. Juni wird mit Deutschland der Frieden von Versailles geschlossen. Im Ergebnis des Krieges entsteht Polen wieder als selbständiger Staat. Die Zugehörigkeit Danzigs ist unter den Siegermächten umstritten. Schließlich einigt man sich auf den Status einer Freien Stadt unter Kontrolle des Völkerbundes.	1919
Danzig wird am 10. Januar offiziell aus dem Deutschen Reich ausgegliedert.	1920

Der Handel Danzigs konnte sich nach Eingliederung der Stadt in das preußische Königreich sowohl mit dem Hinterland als auch mit verschiedenen Ost- und Nordseehäfen wieder frei entfalten. Allerdings war der Hafen nunmehr nur einer unter mehreren gleichartigen in Preußen.

Seehandel im 18. Jh.

Die Danziger **Handelsflotte** erlebte ebenso wie der Hafen einen Aufschwung in den Jahren 1793–1805. Die Anzahl der Reedereien stieg von 32 auf 44 und die der Schiffe von 71 auf 111, wobei deren durchschnittliche Tragfähigkeit von 195 auf 218 Lasten anwuchs. Das Register der Danziger

Reeder von 1802 weist 41 Eigentümer von 92 Segelschiffen auf. Die meisten besaßen ein Schiff, manche fünf, und ein gewisser Theodor Christian Frantzius verfügte sogar über 15 mit Tragfähigkeiten zwischen 176 und 460 Lasten. Jeweils fünf große Schiffe nannten Mattias Broschke und die Gesellschaft »Solly & Gibsone«, welche die Tradition der ausländischen Firmen an der Mottlau fortsetzte, ihr eigen. Alexander Gibsone entstammte einer schottischen Familie, die bereits lange Zeit in Danzig seßhaft war.

Im o.e. Register ist die Gesellschaft der Familie Schopenhauer, der Eltern des berühmten Philosophen, nicht mehr verzeichnet, denn diese hatten Danzig aus Protest gegen die Einnahme der Stadt durch Preußen für immer verlassen. 1793 hatte die Firma noch über 4 Schiffe mit 850 Lasten verfügt.

Preußens Flagge

1802 war das letzte Jahr, in dem Danziger Schiffe wie üblich die traditionelle Stadtflagge führen durften. Ein Jahr später wurde dies von Preußen verboten und die einheitliche Staatsflagge (weiß mit schwarzem Adler) eingeführt.

Das Handelspotential Danzigs war 1793 nicht sehr groß. So betrieben etwa 340 Kaufleute Handelshäuser oder waren in verschiedenen Gesellschaften tätig. Neue Handelsformen bildeten sich heraus, d.h., fremde Firmen schlossen außerhalb Danzigs ihre Kontrakte ab und exportierten die auf der Weichsel ankommenden Waren ohne Vermittlung der Danziger Kaufleute.

Export dominiert

Der Export nach westeuropäischen Häfen dominierte. England war wie einst der Hauptempfänger des Holzes, das – neben Getreide – auch von Holland bevorzugt wurde. Dennoch war der Warenumschlag in der ersten Hälfte des 19. Jhs viel geringer als in den vorangegangenen Jahrhunderten. So sank z.B. die Getreideausfuhr auf durchschnittlich 24 000 Lasten pro Jahr von 1815–1830 und auf 14 000 Lasten von 1831–1836.

Erste Dampfer

Die ersten beiden Dampfschiffe liefen 1827 in den Danziger Hafen ein. Sie waren für einen Warschauer Kaufmann namens K. Wolicki in England angekauft worden und führten die russische Flagge mit polnischem Adler. Im Juni desselben Jahres unternahm eines von ihnen, die *Ksiażę Xawery* (*Fürst Xaver*), zwei Fahrten von Danzig nach Zoppot, dem sich allmäh-

Der Danziger Innenhafen mit Speicherinsel (links) und Krantor um die Mitte des 19. Jhs. Auf der Mottlau wird gerade von der Weichsel kommendes Holz geflößt.

lich entwickelnden Kurort. Der Magistrat verbot jedoch aus Sicherheitsgründen diese Fahrten, und beide Schiffe wurden nach Warschau weitergeschickt. Ein weiteres Dampfschiff traf erst 1839 in Danzig ein und war einige Jahre als Schlepper im Einsatz. Es wurde aber auch gelegentlich zu sonntäglichen Ausflugsfahrten nach Zoppot, Hela oder sogar nach Königsberg genutzt.

1840 tauchten im Hafen die beiden ersten Dampfer der Klawitter-Werft auf. In diesem Jahr hatten nämlich Johann Wilhelm Klawitter und Alexander Gibsone die Gesellschaft »Weichsel« gegründet, welche die ersten Seitenraddampfer im Hafen und auf der unteren Weichsel als Schlepper einsetzte. Daraus entstand 1848 ein Streit mit der Brüderschaft der »Tecker«, die bislang die Verholungsarbeiten besorgt hatte. Aufgrund einer polizeilichen Verordnung mußten die Schlepper ihre Arbeit einstellen, jedoch war damit der technische Fortschritt im Hafen nicht mehr aufzuhalten.

Flotte im 19. Jh.

Trotz ständiger Präsenz kleinerer Hilfsfahrzeuge und Kriegsschiffe mit Dampfantrieb im Hafen wurde die Danziger Handelsflotte nur langsam modernisiert. Erst im letzten Drittel des 19. Jhs entschieden sich die ersten Danziger Reeder für den Schiffsan-

Seehandel im 19. Jh.

trieb mit Dampfmaschinen, was dem wachsenden Transportbedarf im Seehandel geschuldet war. Dieser wurde durch mehrere Faktoren, wie die fortschreitende Industrialisierung und den Eisenbahnbau in Europa, die Abschaffung des Sundzolls 1857 und die allgemeine Tendenz zur Aufhebung von Zollschranken, begünstigt. Nicht ohne Auswirkung blieben die von Frankreich an Deutschland gezahlten hohen Reparationssummen, welche für zahlreiche Investitionen genutzt wurden. Davon profitierte auch der Danziger Hafen, wo einige Industriestandorte geschaffen wurden.

Im geeinten Deutschland veränderten sich die Verkehrsströme. Besonders stark wurden die Verbindungen Königsbergs mit Berlin und Hamburg. Auf diesen Relationen erwuchs dem Seeverkehr jedoch auch Konkurrenz durch die Binnenschiffahrt und die Eisenbahn. In Danzig nahm die Zahl der registrierten Segelschiffe seit 1874 ständig ab – bei steigendem Anteil der Dampfschiffe, wie die folgende Tabelle verdeutlicht.

Jahr	Segelschiffe	Dampfschiffe	Insgesamt
1805	111	–	111
1817	78	–	78
1822	53	–	53
1846	81	–	81
1858	120	–	120
1866	130	–	130
1874	etwa 150	7	etwa 157
1880	82	9	91

Fahrwasser im 19. Jh.

Nach Herausbildung der westlichen **Weichselmündung** in der zweiten Hälfte des 18. Jhs haben Wind und See auf der nördlichen Seite des Flußarmes eine breite Sandbank geformt, die einfach Platte oder auch Westerplatte genannt wurde. Den nördlichen Hafeneingang, der durch Versandung stark gefährdet war, versuchte man dadurch zu retten, daß man dort zunächst eine hölzerne und dann von 1802–1808 eine steinerne Schleuse baute. Diese Bauwerke wurden jedoch bereits um die Mitte des 19. Jhs wieder beseitigt und stattdessen das Flußbett der Weichsel verbreitert sowie vertieft, wobei nur die westliche Mündung bestehen blieb. Den alten, nördlichen Hafeneingang schüttete man zu und gestattete so der See, eine geräumige Halbinsel anzuspülen, die den Namen Westerplatte behielt. Ferner wurden die Kais des Hafenkanals ausgebessert.

Hafenbefestigung

Nach der Einnahme Danzigs durch das Heer Napoleons 1807 wurden u. a. die Hafenbefestigungen ausgebaut. Es entstand ein Ensemble von Verteidigungsbauten im Außenhafen, wie Redouten, Pulver- und Munitionslager sowie Lagerplätze für Palisadenholz. Die wichtigsten Festungswerke waren: Redoute Holm, Lünette Vallonque, Corn du Holm, Meunier-Bastion, Lünette Sorbier, Lünette Theulie, Lünette Corbineau und nördlich von diesen einzelne Werke in der Nähe der Weichsel, wie die Ledot-Batterie, die Batterie du Moulin und in der Nähe der Lacke die Redoute St. Hilair. Im nördlichen Teil der Mündung der Lacke in die Weichsel entstand das Fort Napoleon mit vier Bastionen, das spätere Fort Kronprinz.

Leuchttürme

Nach der Kapitulation der französischen Armee in Danzig 1814 und der erneuten Übernahme der Hafenverwaltung durch Preußen wurde der größere Teil dieser Bauten abgetragen und der Hafen modernisiert. So änderte man 1817 das System des **Leuchtfeuers**. Anstatt brennender Kohle wurden nun Wachskerzen verwendet. Das war aber nicht sehr wirkungsvoll, so daß man Gaslicht einführte. Auf dem Turm und in dem unter ihm befindlichen Bockgerüst wurden je drei Brenner installiert.

Dieses Richtfeuer bestand bis zur Verlängerung der östlichen Mole 1825, wodurch sich die Richtung der Fahrwasserachse änderte. Das untere Feuer wurde abgetragen, das obere diente bis 1894 als Leuchtturm. Zunächst, d. h. bis 1860, dienten fünf Brenner als Lichtquelle. Die darauffolgende Lichtquelle wurde mit Rapsöl gespeist, und seit 1870 gab es ein System von sieben Petroleumlampen. 1888 erhielt der Leuchtturm in Neufahrwasser als erster an der Danziger Küste elektrische Beleuchtung. Da das Experiment gelang, nutzte man die Erfahrungen 1894 beim Bau des neuen Leuchtturms am Olivaer Kai in Neufahrwasser. Er ist bis heute unverändert geblieben. Seine Höhe (ohne Mast über der Laterne) beträgt 27,3 m.

Fahrwassertiefe

Die Sicherheit der Schiffe hing entscheidend von der Fahrwassertiefe ab. Die Vertiefung von Weichsel und Mottlau im Hafenbereich war jedoch aufwendig. Anfang des 19. Jhs waren im Hafen drei Schöpfbagger eingesetzt. Die Schöpfeinrichtung wurde von einem Pferdegespann – über ein Göpelwerk auf dem Deck – angetrieben. Trotz der häufig vorgenommenen Vertiefung war der Einfahrtskanal nicht tiefer als 12–13 Fuß (3,4–3,7 m). Deswegen mußten tiefergehende Schiffe teilweise auf der Reede ent- und beladen werden. Die Ladung wurde von Leichtern übernommen, welche die für das 18. Jh. charakteristischen Bordinge verdrängt hatten.

Weichseldurchbruch

Während einer Überschwemmung hatte die Weichsel 1840 den Dünenwall bei Neufähr durchbrochen und besaß nun eine neue Mündung – 7 km vor Danzig und 9 km südöstlich der bisherigen. Um den veränderlichen Wasserständen Rechnung zu tragen und auch den Hafen vor Eisgang zu schützen, wurde in Plehnendorf eine Schleuse gebaut, welche die Weichselstrecke bis zur alten Mündung abschnitt. Seitdem nannte man diese Flußstrecke die Tote Weichsel.

Das Ausbleiben von Pegeländerungen, Hochwässern und Eisgang in der bisherigen Mündungsstrecke der Weichsel schuf im Hafen bessere hydrographische Bedingungen, wodurch die Sicherheit für anlegende Schiffe zunahm. Deshalb richtete die preußische Marine dort einen Stützpunkt für ihre Kriegsschiffe ein.

Eine Weichselfähre, die ebenso als Ausflugsschiff benutzt werden konnte, legt Mitte des 19. Jhs an der Westerplatte an.

Ansicht vom städtischen Elektrizitätswerk um 1905, davor der Ausflugsdampfer *Beneke.* Rechts vom Werk der Königliche Speicher und daneben die drei Speicher, die nach ihrem Wiederaufbau heute einen Teil des Zentralen Schiffahrtsmuseums (mit dem Komplex gegenüber am Krantor) bilden.

Weichseldurchstich

Von 1889–1895 wurde zudem mit einem Durchstich bei Schiewenhorst (poln. Świbno) eine künstliche Weichselmündung geschaffen. Man trennte dabei das alte Flußbett vom Hauptlauf der Weichsel mit einer Schleuse bei Einlage (Przegalina), und der Name Tote Weichsel erstreckte sich nun auch auf diesen Abschnitt. Seitdem waren die 27 km Wasserweg bis in die Nähe des Strohdeiches hauptsächlich für den Holztransport bestimmt.

Hafen im 19. Jh.

In der zweiten Hälfte des 19. Jhs kam es zur Wiederbelebung des Danziger Hafens. Daraufhin wurden die **Hafeneinrichtungen** an der Weichsel ausgebaut. Innerhalb der Stadt wurden die Mottlauufer wieder zum Warenumschlag genutzt und die Anlegestellen von 1885–1902 mit Stützmauern befestigt. Auf dem Kai an der Schäferei stellte man zwei Eisenkräne auf. Das Mottlauufer zwischen dem Johannis- und dem Häkertor erhielt erst 1861 einen Anleger als Verlängerung des acht Jahre zuvor entstandenen Steges vom Krantor bis zum Johannistor (Vom Grünen bis zum Johannistor hieß er die Lange Brücke.). Danach wurde er bis zum Schwanenturm weitergeführt (Fischerbrücke), womit sich die Länge der innerstädtischen Hafenkais entschieden vergrößert hatte. Das waren jedoch die letzten bedeutenden Investitionen im alten Mottlauhafen, denn die immer größer werdenden Schiffe erforderten eine neue Infrastruktur. Die Speicher reichten nicht mehr aus, und das Vertiefen der Kanäle verursachte Schäden an den Uferbefestigungen. Infolgedessen beschloß man, einen neuen Hafen auf dem Gelände des alten Außenhafens sowie in Neufahrwasser zu bauen.

Bau eines U-Bootes auf der Kaiserwerft für den Ersten Weltkrieg.

Das große Gebiet des Danziger Hafens ermöglichte die Ansiedlung zahlreicher Industriebetriebe. So wurden 1898 z. B. auf dem Bleihof ein Kraftwerk und südlich der Kaiserwerft ein zweites Gaswerk errichtet. Die Kohle für diese Werke wurde mit Schiffen direkt angeliefert.

Industrie

An der Toten Weichsel, südöstlich von Schellmühl, wurde 1869 eine chemische Fabrik errichtet, und 1870 folgte eine Kunstdüngerfabrik. 1871 entstanden dort ferner eine Superphosphatfabrik sowie ein Rangierbahnhof. 1899 wurde eine Waggonfabrik, die heutige Nordwerft, errichtet. Im ausgehenden 19. Jh. bedeckten schon zahlreiche Lagerhäuser für Getreide, Zucker und Stückgut, aber auch Treibstofftanks die Weichselufer.

Hafenausbau

Weitere Investitionen im ausgehenden 19. Jh. betrafen u. a. den Eisenbahnanschluß des Hafens. Ferner wurde in der Nähe der Hafeneinfahrt 1875 ein neues Hafenbecken ausgebaggert. Somit wurde die Kailänge in Neufahrwasser (diesen Namen trug auch das angrenzende neue Stadtviertel Danzigs) vergrößert. Bald darauf entstanden dort eine Spiritusfabrik, Brauereien, eine Viehfutterfabrik und 1891 eine Zuckerraffinerie. 1899 richtete man dann in Neufahrwasser ein Freihafengebiet ein.

Kaiserhafen

Die Modernisierung des Hafens wurde Anfang des 20. Jhs fortgesetzt. 1904 entstand ein neuer Bereich, der Kaiserhafen, in einem alten Weichselabzweig, der sog. Schutenlacke. Dieser Wasserlauf, bis dahin ohne Bedeutung für die Schiffahrt, wurde erweitert und auf ca. 8 m vertieft. So konnte nicht nur die Länge der Hafenkais vergrößert, sondern auch der Weg zur Werft bzw. zu den Fabriken an der Toten Weichsel und zum alten Hafen an der Mottlau verkürzt werden. Nach dem Bau des Kaiserhafens wurde das riesige Werftgelände aus dem Hafengebiet ausgegliedert. Dort, im nördlichen Teil des Holms, wurden während des Ersten Weltkrieges Becken zur Reparatur und zur Stationierung von U-Booten gebaut.

Marinestützpunkt

Durch alle diese Maßnahmen konnte jedoch der Umschlag im Hafen nicht wesentlich gesteigert werden, denn Danzig fehlte der freie Zugang zum polnischen Hinterland. Deswegen wurde auch freies Hafengelände für weitere Industrieansiedlungen genutzt. Darüber hinaus entwickelte sich der Hafen zu einem wichtigen Stützpunkt für die preußische und später für die kaiserliche Kriegsmarine, so daß die Danziger Werften bis zum Ende des Ersten Weltkriegs vor allem Kriegsschiffe bauten und reparierten.

Die aufstrebende Industrie und der daraus resultierende höhere Kohlebedarf bewirkten, daß nach 1871 immer weniger Schiffe Danzig unter Ballast anliefen. 1861 waren es noch 1582 von insgesamt 2 699, also 58,6%, von 1871–1880 dagegen nur noch 22%. Es kam aber auch vor, daß Schiffe Danzig ohne Ladung verließen.

In Danzig eingelaufene Schiffe von 1885–1910

Jahr	**Insgesamt**	**Segelschiffe**	**Dampfer**
1885	1821	796	1025
1895	1718	544	1174
1905	2249	259	1990
1910	3545	315	2230

Von 1824–1910, also innerhalb von 86 Jahren, stieg zwar die Zahl der einlaufenden Schiffe um das Dreifache. Im Vergleich zu anderen deutschen Häfen war das jedoch nicht besonders viel. Gleichzeitig verringerte sich der Anteil von Schiffen unter fremden Flaggen, demzufolge Danzig um die Jahrhundertwende zu einem Hafen von lediglich lokaler Bedeutung herabsank, der keine Exportprodukte mehr anzubieten hatte.

Eingelaufene Schiffe nach Flaggen

Flagge	1840-1847	1913
deutsche	40%	65%
englische	16%	4%
holländische	14%	–
schwedische	10%	11%
norwegische	10%	7%
andere	10%	13%

Umschlag in einigen deutschen Häfen (in Tonnen)

Hafen	1873-1877	1903-1907	Anstieg in %
Danzig	2 435 720	3 467 144	43
Königsberg	479 000	923 001	92
Stettin	391 604	2 425 720	619
Hamburg	3 465 144	13 056 055	276

Familie Klawitter

Vorreiter für die Umwandlungen im Danziger **Schiffbau** des 19. Jhs war die Familie Klawitter, deren Ahnen als bekannte einheimische Boots- und Schiffbauer bereits 1712 in Zunftregistern Erwähnung fanden. 1827 gründete Johann Wilhelm Klawitter nach seiner Rückkehr aus England, wo er in die Geheimnisse des modernen Schiffbaus eingeweiht worden war, eine Werft auf der Brabank. Sie funktionierte nach westeuropäischem Vorbild – ohne Einhaltung traditioneller Zunftvorschriften. Dort wurden zunächst hölzerne Segelschiffe, hauptsächlich Vollschiffe und Barken, gebaut. 1840 folgte der Dampfer *Pfeil*, das erste hölzerne Seitenradschiff mit Dampfantrieb und einer Länge von 32,6 m, und im nächsten Jahr der *Blitz*, welcher im Hafen und auf der unteren Weichsel eingesetzt wurde.

Klawitter-Werft

J. W. Klawitter baute seine Werft aus und konstruierte 1854 das erste Schwimmdock in Preußen, das Reparaturen an großen Schiffen, vor allem an Kriegsschiffen, ermöglichte. Ab 1855 baute die Klawitter-Werft die ersten eisernen Frachtschiffe mit einer Länge von 49 m sowie mit Dampfantrieb (210 PS) und Schraubenpropeller. Die Werft blieb weitere zwei Generationen lang in den Händen der Familie und wurde immer weiter ausgebaut. 1877 wurde das letzte hölzerne Segelschiff fertiggestellt. Insgesamt entstanden dort 117 Segelschiffe mit einer Tragfähigkeit von 34 237 Lasten.

Ende des 19. Jhs verfügte die Klawitter-Werft über drei Hellinge, zwei Slipbahnen für Schiffsreparaturen und ein Schwimmdock. Damit konnten selbst Spezialschiffe gebaut werden, so z. B. 1903 ein Tanker für Rußland und 1904 zwei Bagger für die USA. Für weitere Reedereien wurden Eisenbahnfähren, Schwimmkräne, Feuerlöschboote, Feuerschiffe, Schlepper, Passagierschiffe, Eisbrecher u. a. m. geliefert.

Königliche Werft

1844 begann Preußen mit dem Bau einer eigenen Werft in Danzig. 1850 erfolgte dort die erste Kiellegung, nämlich die der Korvette *Danzig*, deren Baumeister J. W. Klawitter war. Diese Königliche Werft wurde bald beträchtlich erweitert, zwei weitere Hellinge kamen hinzu, auf denen Kriegsschiffe für die preußische Flotte entstanden. Ein bedeutsamer Erfolg der Königlichen Werft war die 1875 abgelieferte Panzerkorvette *Hansa*, das erste deutsche Kasemattschiff in Kompositbauweise (Holz/Eisen) mit Schraubenantrieb. Nach der Reichseinigung 1871 wurde die Werft in Kaiserliche Werft umbenannt und weiter ausgebaut, so daß sie auch einen Teil des Holms einnahm. Gebaut wurden dort Panzerschiffe, Schwere und Leichte Kreuzer sowie ab 1906 auch U-Boote.

Um die Mitte des 19. Jhs bestand in Danzig die kleine Werft Keier & Devriet, seit 1856 nur noch unter

Die Klawitter-Werft um die Jahrhundertwende. Gerade läuft der Eisbrecher *Gardenga* für die Weichselflottille vom Stapel.

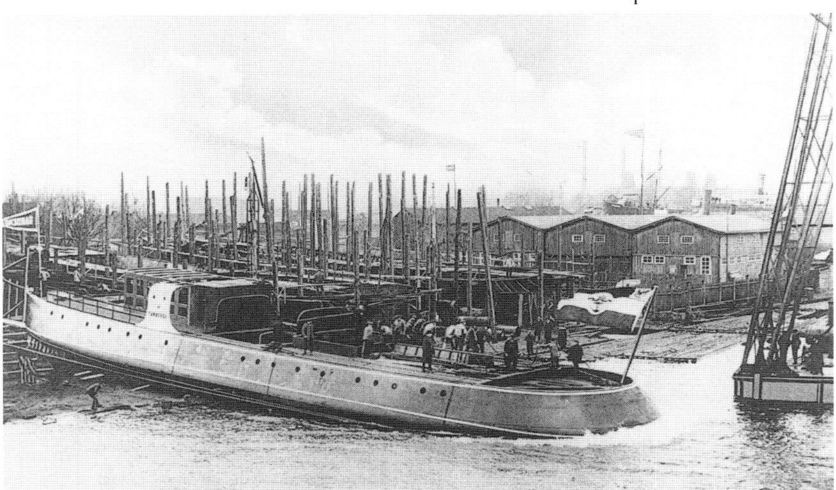

Auf der Königlichen Werft in Danzig befinden sich die Schraubenkorvetten *Arcona* und *Gazelle* (je 1960 t Wasserverdrängung, Besatzung jeweils 390 Mann, Fertigstellung 1858/59) im Bau. Links oben die Kriegsflagge der preußischen Marine.

Kleine Werften

dem Namen Devriet. 1858–1860 lieferte sie sechs Segelschiffe ab. Auch kleinere Kriegsschiffe, wie Kanonen- und Torpedoboote, wurden dort gefertigt. Ähnlich wie auf der Werft A. & W. Wojan an der Toten Weichsel baute man kleine Hilfsfahrzeuge und bot Reparaturleistungen an.

Schichau-Werft

Der wachsende Bedarf an großen Fracht- und Kriegsschiffen bewog 1889 den Elbinger Industriellen Ferdinand Schichau zum Kauf von 20 Hektar Land neben der Kaiserwerft. Von 1889–1893 errichteten ca. 3 000 Arbeiter die neue Danziger Werft unter der Leitung von Schichaus Schwiegersohn, Ing. Carl Ziese. Noch während dieser Arbeiten wurde mit dem Bau des ersten Schiffes begonnen, und 1893 lief der Kreuzer *Gefion* in Anwesenheit Kaiser Wilhelms II. vom Stapel. Damals beschäftigte die Werft nahezu 2 000 Personen. Auf sechs langen Hellingen wurden große Passagierdampfer (für bis zu 2 000 Fahrgäste) und große Kriegsschiffe gebaut. Stolz der Schichauwerft war die *Columbus*, ein riesiges Ozeanpassagierschiff von 32 354 BRT und 236 m Länge. Für deutsche Reeder wurden auch Frachtschiffe, wie Tanker, Eisenbahnfähren und verschiedene Hilfsfahrzeuge, gebaut. Ein ebenso wichtiger Produktionsteil war der Bau von Kriegsschiffen. Bis zum Ende des Ersten Weltkrieges wurden acht Linienschiffe (das größte, die *Baden*, hatte 28 000 t Wasserverdrängung), sechs Kreuzer und zahlreiche kleinere Fahrzeuge, wie Torpedoboote und Zerstörer, fertiggestellt.

Schiffsantriebe

Schichau baute die Antriebsmaschinen für seine Schiffe in eigenen Werken, wobei speziell für die schnellen Kriegsschiffe Dampfturbinen entwickelt wurden. Ab 1911 wurden in den Schichauwerken auch Dieselmotoren für den Schiffsantrieb, anfangs Zweitakter und später Viertakter, hergestellt.

Ausbildung

Die Nachfrage nach qualifizierten Seeleuten muß in Danzig zuweilen groß gewesen sein, denn in der zweiten Hälfte des 18. Jhs erteilten die Kapitäne J. W. Ims, D. J. Koch und Steuermann Hintz Privatunterricht in Navigation. Solche Aktivitäten reichen nachweislich bis ins 17. Jh. zurück. 1817 wurde in Danzig eine **Navigationsschule** gegründet, die Seeleute zum Führen eines Schiffes als Steuermann oder Schiffer befähigen sollte. Vorraussetzung für eine Aufnahme in die Schule war eine Seefahrtszeit von 48 Monaten als Matrose auf einem Handels- oder Kriegsschiff. Ein berühmter Absolvent der Danziger Navigationsschule war Karl Eduard Jachmann (1822–1887). Er erreichte in der preußischen Kriegsmarine den Grad eines Konteradmirals, wirkte bei der Schaffung der Königlichen Werft in Danzig mit und überwachte den Bau neuer Kriegsschiffe im Auftrag der preußischen Admiralität.

Den Bedarf an hochqualifizierten Fachleuten für die sich um die Jahrhundertwende entwickelnde Danziger Industrie, darunter für die Werften, sollte die 1904 gegründete **Technische Hochschule** decken. In ihren fünf Fakultäten wurden u. a. Ingenieure für den Schiffbau sowie den Schiffsmotoren- und den Maschinenbau ausgebildet.

Erholung

Anfang des 19. Jhs entdeckten die Danziger den Erholungswert eines Aufenthalts an der nahegelegenen See. In Zoppot wurden **Badeanstalten** und **Kureinrichtungen** eröffnet. Auch in Hela boten sich gute Erholungsmöglichkeiten. 1880 begann die Aktiengesellschaft »Weichsel«, welche sich dem Personenverkehr und dem Warentransport innerhalb des Hafens, auf der unteren Weichsel und in der Danziger Bucht widmete, mit dem Bau einer städtischen Badeanstalt und eines Kurhäuserkomplexes auf der Halbinsel Westerplatte.

Wassersport

Die Anfänge des organisierten **Segelsports** reichen bis in die erste Hälfte des 19. Jhs zurück, als nach englischem Vorbild auch in anderen europäischen Staaten Jachtklubs entstanden.

In Danzig wurde 1897 der erste Jachtklub gegründet, 1909 bestanden davon schon zwei. Der Sportseglerhafen befand sich neben der Festung Weichselmünde, und an der Mottlau begannen sich **Rudervereine** anzusiedeln.

Fischerei im 19. Jh.

Register aus dem Jahre 1871 weisen auf der Strecke zwischen Schiewenhorst und Zoppot mehr als zehn **Fischersiedlungen** aus, in denen insgesamt 543 Personen Fischfang betrieben. Zeitweilig wurden bei speziellen Fängen auch noch Hilfskräfte beschäftigt. Diese Fischer verfügten über 327 Boote verschiedenster Bauart, so daß ein Boot von zwei oder mehr Fischern gemeinsam genutzt wurde. Oft waren es Mitglieder einer Familie, z.B. der Vater mit den Söhnen, die gemeinsam das Gerät vorbereiteten und den Fang unter sich aufteilten. Solche Bootsgemeinschaften von drei Mann sind noch heute in der Danziger Bucht anzutreffen.

In Danzig hatte der **Königliche Hafenbauinspektor und Oberfischmeister der Danziger Bucht zu Neufahrwasser** seinen Sitz. Er regte neue Methoden in der lokalen Fischerei an. Unter seiner Aufsicht stach z.B. ein 19 m langer Segelkutter in See, der als erstes Fahrzeug in der Region ein Grundschleppnetz benutzte. 1889 wurde für Danziger Fischer in Oslo ein großes, bedecktes Fahrzeug zum Lachsfang mit speziellen Treibnetzen gekauft. Bis zum Anfang des 20. Jhs benutzte die einheimische Fischerei nur Segelboote. 1909 waren in Danzig dann sechs und 1914 bereits 41 Motorkutter registriert. Es fehlte jedoch ein Fischereihafen.

Hafen Hela

1887 beschloß der Vorstand des Deutschen Fischereivereins den Bau eines solchen in Hela, mit dessen Planung der Danziger Oberfischmeister E. Kummer beauftragt wurde. Die Wahl Helas war kein Zufall. Einerseits war es seit dem Mittelalter mit Danzig verbunden, und diese Entscheidung schuf neue Möglichkeiten für die Entwicklung des Ortes, andererseits bestanden dort die günstigsten Voraussetzungen. Dennoch mußten die Baukosten vollständig von der preußischen Regierung getragen werden, denn die einheimischen Fischer waren zu arm, um sich daran beteiligen zu können.

1892 wurde mit dem Bau begonnen, und ein Jahr später, als die hydrotechnischen Arbeiten noch andauerten, waren dort bereits 110 Fahrzeuge verschiedenster Art stationiert. Im Helaer Hafen konnten jedoch auch größere Spezialschiffe festmachen, die Frischfisch aus entfernteren Fanggebieten nach Danzig brachten.

Danzig als Freie Stadt bis 1939 und spätere Kriegsfestung

Kurzchronik

1924 Infolge von zahlreichen Zwistigkeiten zwischen der Freien Stadt und der Republik Polen, u. a. um den Hafen und den sog. Korridor, Polens Zugang zur Ostsee, beschließt der polnische Staat den Bau eines eigenen Seehafens beim Fischerdorf Gdynia (Gdingen), der 1926 fertiggestellt wird. Dort entsteht ab Ende 1939 der Stützpunkt Gotenhafen für die deutsche Kriegsmarine.

1933 Nach den Wahlen im Mai dominieren die Nationalsozialisten im Danziger Parlament und im Senat. Die Oppositionsparteien werden bis Ende 1937 allmählich ausgeschaltet.

1939 Die jüdischen Bürger Danzigs müssen das Gebiet der Freien Stadt bis zum 1. April verlassen.
Am 25. August läuft das modernisierte deutsche Linienschiff *Schleswig-Holstein* zu einem »Freundschaftsbesuch« im Danziger Hafen ein und beschießt am 1. September um 04.45 Uhr die auf der Westerplatte stationierte polnische Einheit, welche bis zum 7. September heldenhaften Widerstand leistet. Mit diesen Schüssen beginnt der Zweite Weltkrieg. Danzig wird besetzt und gehört von nun an zum »Großdeutschen Reich«.

1942 Am 12. Juli wird die Stadt von anglo-amerikanischen Flugzeugen bombardiert, desgl. im Oktober 1943.

1944 Im Spätsommer gelangen etwa 50 000 Flüchtlinge aus dem Memelland über die Ostsee nach Pillau, Danzig und Gotenhafen.

1945 Nach Beginn der sowjetischen Großoffensive versuchen ab Mitte Januar etwa 2–3 Millionen Menschen aus Ost- und Westpreußen sowie aus Danzig und Pommern über die Ostsee Richtung Westen zu fliehen, wobei mehr als 1 000 deutsche Schiffe eingesetzt werden. Dabei verläßt die *Wilhelm Gustloff* (25 484 BRT) am 30. Januar mit rund 6 000 Personen an Bord Gotenhafen und wird kurz darauf von einem sowjetischen U-Boot torpediert. Das ehemalige KdF-Schiff sinkt binnen einer Stunde und reißt fast 5 000 Menschen in den Tod.

1945 Am 30. März wird das von den Deutschen zur Festung erklärte Danzig von der Roten Armee eingenommen. Die Stadt ist infolge der Kämpfe größtenteils zerstört.

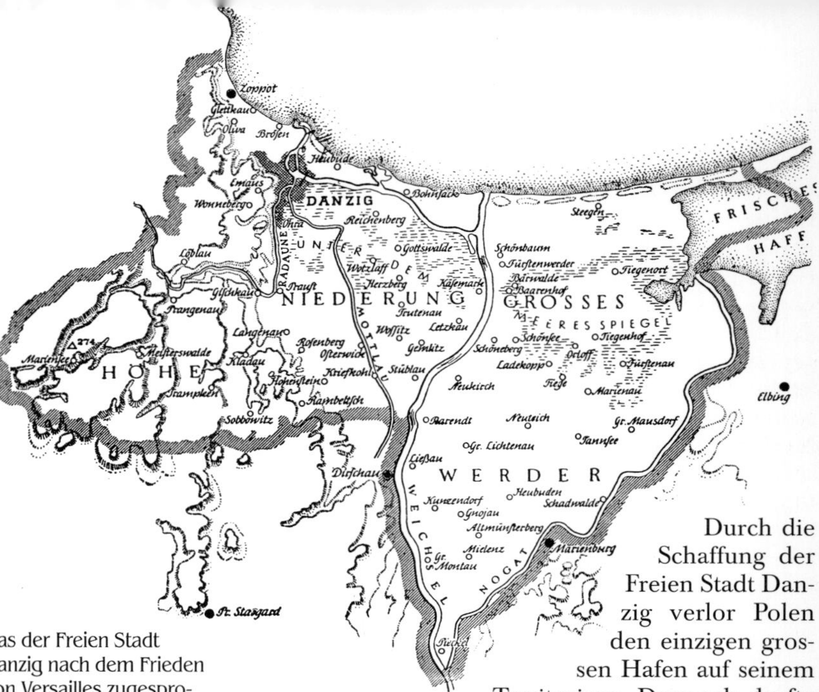

Das der Freien Stadt Danzig nach dem Frieden von Versailles zugesprochene Gebiet von etwa 1 900 km². Östlich von Bohnsack ist der 1895 vorgenommene Weichseldurchstich bei Schiewenhorst (Świbno) in die Danziger Bucht zu sehen.

Durch die Schaffung der Freien Stadt Danzig verlor Polen den einzigen grossen Hafen auf seinem Territorium. Dennoch durfte die Republik den Danziger Hafen samt seinen Verkehrsanbindungen mit nutzen. Außerdem wurden Polen bestimmte Schiffahrts-, Zoll- und Postbefugnisse, die Verwaltung der Eisenbahn sowie die Vertretung Danzigs in auswärtigen Angelegenheiten übertragen. Über die Einhaltung all dieser Vereinbarungen wachte in Danzig der Hohe Kommissar des Völkerbundes. Die polnische Regierung ernannte dafür einen Generalkommissar. Als gesetzgebende Körperschaft wurde in der Freien Stadt der Volkstag gewählt, während die Exekutive in den Händen des Senats mit dem Präsidenten an der Spitze lag.

Nach dem Versailler Vertrag durften die Danziger Werften keine Kriegsschiffe mehr bauen. Die Kaiserliche Werft, als einstiges Eigentum des Deutschen Reiches, wurde 1922 Polen und der Freien Stadt zu gleichen Teilen zugesprochen.

Das Territorium der Freien Stadt gehörte pro forma zum polnischen Zollgebiet. Demnach sollten polnische Zollinspektoren Danziger Zollbeamte kontrollieren. Daraus ergaben sich zahlreiche Streitigkeiten, die der Hohe Kommissar schlichten mußte.

Hafenverwaltung

Ein wichtiges Organ, das von Polen und Danzig 1921 gebildet wurde, war der Ausschuß zur Verwaltung des **Danziger Hafens** mit seinen Wasserwegen, dem Eisenbahnnetz und einigen angrenzenden Bereichen. Polen wurde die Nutzung des Hafens für den Waren- und Personenverkehr zugesichert. Der Ausschuß bestand aus je fünf Vertretern Polens und der Freistadt, während sein Präsident ein Schweizer war. Dieses Gremium besaß eine eigene Flagge, ein eigenes Siegel, und ihm unterstand die Hafenpolizei.

Nach der neuen Verfassung Danzigs durfte in der Stadt kein Militärstützpunkt existieren, jedoch war es polnischen Kriegsschiffen erlaubt, den Danziger Hafen als sog. port d'attaché zu benutzen. Der Aufenthalt dieser Schiffe, wie z.B. im Winter 1920/21, und deren Reparatur in Danziger Werften wurde von Polen bezahlt. 1925 überließ der Völkerbund Polen die Halbinsel Westerplatte als Munitionslager. Die Stärke des dort stationierten polnischen Wachkommandos wurde auf 88 Mann begrenzt (2 Offiziere, 20 Unteroffiziere und 66 Soldaten).

Hafen Gdynia

Nicht nur, daß der Danziger Senat Polen die Nutzung des Hafens erschwerte, auch zahlreiche technische Schwierigkeiten im Hafengebiet zwangen schließlich Polen zum Bau eines eigenen Hafens nahe des kleinen Fischerdorfes Gdynia am Fuße der Hügel von Oxhöft. 1922 wurde zunächst das Konzept eines »kleinen Hafens« in Gdynia ausgearbeitet. Von 1924–1926 entstand dort jedoch ein großer moderner Hafen mit Werften und einem Stützpunkt für die Kriegsmarine.

Ein Danziger Notgeldschein über 1 000 Mark vom 31. Oktober 1922.

Getreideheber auf einem Ponton beim Entladen im Danziger Freihafen um 1930.

Von 1920–1924 war der Warenumschlag im Danziger Hafen gering, er lag jährlich zwischen ein und zwei Mill. Tonnen. 1920 wurden z. B. 138 000 Tonnen Güter exportiert, die Einfuhr betrug 1 700 000 Tonnen. 1920 liefen lediglich 1 653 Schiffe in Danzig ein – im Vergleich zu 2 299 im Jahre 1912.

Nach dem Ersten Weltkrieg ließ die Infrastruktur des Hafens sehr zu wünschen übrig: Die Wassertiefen der Fahrrinnen und in den Hafenbecken waren für größere Schiffe zu gering, denn sie betrugen lediglich 4–7 m; es standen nur wenige Hafenkräne, überwiegend mit Dampfantrieb, zur Verfügung; es gab keine mechanisierten Anlagen für die Kohleverladung, und die überdachte Lagerfläche für Stückgut reichte nicht aus.

Hafenmodernisierung

Als 1925 in Skandinavien eine große Nachfrage nach polnischer Kohle entstand, stieg der Export über Gdynia an, denn Danzig war zur Verladung von Schüttgut nicht vorbereitet. Wegen dieser Mängel und auch wegen des Wettbewerbs mit Gdynia wurde der Danziger Hafen allmählich modernisiert. Zu diesem Zweck hatte man von 1924–1927 bereits 34 Kräne gekauft. Dadurch konnte die Umschlagskapazität auf 8 Mill. Tonnen gesteigert werden.

Von 1928–1930 wurde speziell für die Verladung von Massengütern (Kohle und Erz) ein neues Hafenbecken ausgebaggert, und dort die damals modernsten Anlagen installiert, wie drei Verladebrücken mit automatischen Waagen und drei Bandstraßen. Daraufhin wuchs der Umschlag 1929 auf 8 560 000 Tonnen, an dem Kohle und Koks mit 5 322 000 Tonnen den größten Anteil hatten. Die traditionellen Exportgüter, wie Getreide und Holz, hatten einen Anteil von 411 000 bzw. 661 000 Tonnen, wobei das Eichenholz für den Schiffbau nun dem Weichholz für die Papier- und Zellstoffindustrie weichen mußte.

Hafenmodernisierung

Von 1931–1934 wurden 16 Spezialkräne angeschafft, so daß nun insgesamt 103 Kräne verschiedenster Typen zur technischen Ausrüstung des Hafens gehörten. Jedoch ging trotz dieser größeren Kapazität der Umschlag 1929 gegenüber 1928 leicht zurück. Deshalb forderte der Senat vom Hohen Kommissar, daß Polen seinen Überseehandel ausschließlich über den Danziger Hafen führen sollte. Obwohl Polen am Ausbau des Hafens von Gdynia stark interessiert war, unterstützte es doch den Ausbau und die Modernisierung

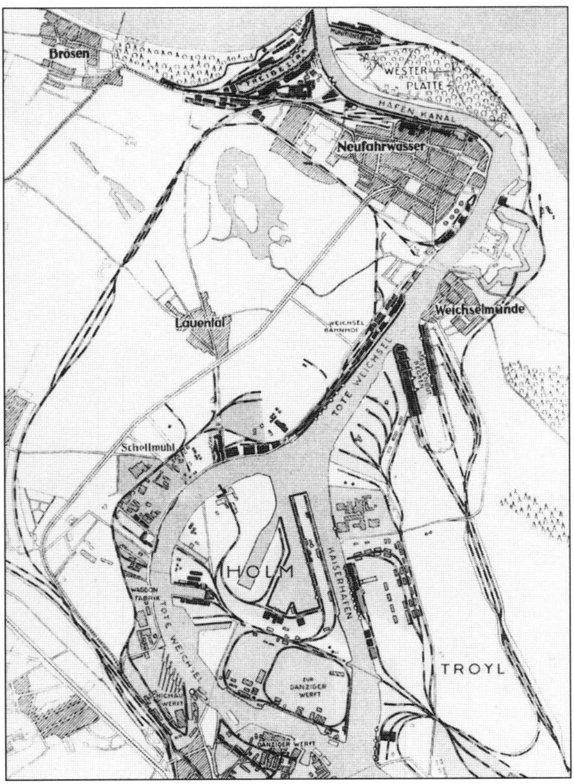

Der Danziger Hafen vor dem Zweiten Weltkrieg. Die unter preußischer Herrschaft Königliche und spätere Kaiserwerft hieß nach dem Ersten Weltkrieg zunächst Reichs- und ab 1920 dann Danziger Werft.

Der Zweischraubendampfer *Columbus* läuft am 12. August 1922 auf der Schichau-Werft vom Stapel. Bereits 1914 auf Kiel gelegt, wurden die Arbeiten während des Krieges eingestellt, so daß das Schiff erst Ende November 1923 fertiggestellt werden konnte.

Die Schichau-Werft nach 1920.

des Danziger Hafens, indem es die Hälfte der Investitionskosten übernahm.

Von 1926–1931 hatte Danzig den größten Güterumschlag von allen Ostseehäfen zu verzeichnen und verlor seine Spitzenposition erst in der zweiten Hälfte der dreißiger Jahre an Gdynia. Nach 1933 nahm Polens wirtschaftliches Interesse an Danzig allmählich ab. Trotzdem erreichte sein Güterumschlag in der Freien Stadt 1938 noch einen Wert von 7 127 000 Tonnen.

Kriegswirtschaft

Nach Beginn des Zweiten Weltkrieges wurde Danzig dem Deutschen Reich angeschlossen. Infolgedessen wurde die Zuständigkeit des Hafenausschusses aufgehoben und seine Kompetenzen dem Staatskommissar Dr. A. Frank übertragen. Alle im Hafen angestellten Polen wurden entlassen. 1941 wurde die Danziger Hafengesellschaft mbH, die Dahag, gegründet, welche den für den Güterumschlag bestimmten Hafenteil verwaltete. Der restliche Teil wurde von der Kriegsmarine übernommen.

Die Danziger Wirtschaft hatte nun vorrangig Kriegszwecken zu dienen. Den Danziger Hafen liefen lediglich Schiffe der Staaten an, die mit Deutschland noch Handelsbeziehungen unterhielten. Der Umschlag ging während des Zweiten Weltkrieges auf 3–5,5 Mill. Tonnen zurück. Aus dem Ausland kamen hauptsächlich Eisenerze (jährlich bis zu 1,15 Mill. Tonnen), Baumaterial (Kalk, Zement, Kies) und sogar Holz sowie Fische. Exportiert wurden Kohle und Koks sowie in geringeren Mengen Getreide. Über den Danziger Hafen gelangte auch rumänisches Erdöl im »Transit« nach Skandinavien.

Hafen bis 1945

Bis 1944 befand sich der Danziger Hafen außerhalb der Kampfgebiete, weshalb er von Angriffen der Verbündeten einigermaßen verschont blieb. Eine Ausnahme bildeten die anglo-amerikanischen Luftangriffe im Juli 1942 und im Oktober 1943, welche jedoch keine allzu großen Schäden im Hafen und in den Werften anrichteten.

Im zweiten Halbjahr 1944, als immer mehr Flüchtlinge und Militärangehörige eintrafen, begann sich die Lage im Hafen dramatisch zu verschlechtern. Anfang 1945 begann die letzte Phase zur Verteidigung Danzigs vor den sowjetischen Truppen. Die zur Festung erklärte Stadt sollte bis zum letzten Mann gehalten werden.

Klawitter-Werft

Die **Klawitter-Werft** war nach 1919 nur noch ein kleiner, finanziell schwacher Betrieb, der mit Mühe und Not einige Aufträge für den Bau kleiner Schiffe erlangen konnte. 1929 bestellte z.B. die UdSSR ein Flußpassagierschiff von 1480 BRT und sechs Dampftrawler. Doch ging die Werft schließlich wegen Auftragsmangels in Konkurs und wurde im April 1931 geschlossen.

Schichauwerft

Durch den Sonderstatus Danzigs als Freie Stadt wurde die **Schichauwerft** von ihren Zulieferern in Elbing, Königsberg und Pillau abgeschnitten. Weitere Verluste erlitt sie durch die kostspielige Verschrottung der infolge des Krieges unvollendet gebliebenen Schiffe oder durch deren Fertigstellung und Ablieferung als Reparationsleistung.

Während der Inflation stand sie kurz vor der Pleite, vor der sie lediglich Subventionen des Staates bewahrten. Damals wurde z.B. die *Columbus* fertiggebaut, die 1922 vom Stapel lief und 1924 dem Norddeutschen Lloyd als größtes Schiff unter deutscher Flagge (32 354 BRT) übergeben werden konnte.

1929 befaßte sich sogar der deutsche Reichstag mit der Zukunft der Schichauwerft. Letztendlich wurde die F. Schichau GmbH gegründet, an der sich das Reich mit 60%, Preußen mit 20% sowie Danzig und Elbing mit je 10% beteiligten. Noch im gleichen Jahr erhielt die Werft die ersten Aufträge aus der Sowjetunion. Später kamen Bestellungen von deutschen, dänischen, englischen, holländischen und norwegischen Reedereien hinzu. Für Auftraggeber aus China und von den Philippinen wurden die damals größten Bagger der Welt gebaut.

Dennoch war die Produktion der Werft, wenn man das Potential des Unternehmens betrachtet, nicht sehr groß. 1930 liefen dort 14 Fahrzeuge vom Stapel, 1931 waren es 19, 1932 dagegen nur vier. 1935/36 wurden nur je zwei Schiffsrümpfe fertiggestellt, 1937 sechs und 1938 nicht einmal ein einziger.

Kriegsschiffbau

Mit dem Beginn des Zweiten Weltkrieges erfolgte eine sofortige Umstellung auf die Kriegsproduktion. Bereits 1939 entpuppte sich plötzlich der Eisbrecher *Castor* als Schulschiff für die Flak. In den folgenden Jahren spezialisierte sich die Werft auf den Bau von U-Booten der Typen VII C und XXI, welche in großen Serien gebaut wurden. Vom ersten Typ (Länge 67,1 m) wurden 64 Boote fertiggestellt, weitere 40 in verschiedenen Bauphasen fanden die sowjetischen Truppen im Frühjahr 1945 vor. Vom zweiten, größeren Typ (Länge 76,7 m) wurden 30 Boote bis zum Frühjahr 1945 in Dienst gestellt. Insgesamt lagen auf der Werft bei Kriegsende 469 Schiffe in unterschiedlichen Baustadien.

Danziger Werft

Bevor die Bestimmungen des Versailler Vertrages mit dem Verbot des Baus von Kriegsschiffen in Kraft traten, wurden auf der **Kaiserwerft** noch vier Flußmonitore und vier Hilfsfahrzeuge für die polnische Kriegsmarine gebaut. Die Werft finanzierte auch den Bau von Frachtschiffen vor, für die dann ausländische Käufer gefunden werden konnten. Insgesamt liefen 1920 und 1921 bereits 22 Fahrzeuge vom Stapel. 1922 wurde eine Aktiengesellschaft mit überwiegend englischem und französischem Kapital (jeweils 30%) gegründet. Danzig und Polen besaßen je 20% der Aktien. Das Stammkapital des in Danziger Werft und Eisenwerkstätten AG umbenannten Unternehmens betrug 10 000 Pfund Sterling. Noch im gleichen Jahr lief die Produktion an, so daß acht Rümpfe verschiedener Schiffstypen vom Stapel liefen. Nach einer Krise 1926 verbesserte sich die wirtschaftliche Lage dann schrittweise, so daß bis 1938 für Polen 15 Fahrzeuge fertiggestellt wurden. Ferner produzierte man Dampfmaschinen und -kessel, Verbrennungs- und Elektromotoren, Stahlkonstruktionen für Kräne und Brücken sowie Kühlanlagen (u. a. eine für das polnische Schulschiff *Dar Pomorza*).

Ansicht von der Danziger Werft nach 1920.

1933/34 lief kein einziges Schiff vom Stapel, dann ging es allmählich wieder bergauf. Bei Kriegsausbruch befanden sich auf der Werft zwei Stückgutfrachter für Polen im Bau, die von Deutschland übernommen wurden. Einer davon wurde zum Hilfskreuzer *Michel* umgebaut. Das Unternehmen wurde 1940 in die Danziger Werft AG mit staatlichem und privatem Kapital umgewandelt. Während des Krieges wurden dort auch Frachtschiffe gebaut, jedoch hauptsächlich U-Boote des Typs VII C, von denen bis zum Einmarsch der sowjetischen Truppen 42 in Dienst gestellt und 18 noch unfertig vorgefunden wurden.

Reedereien

Bis 1939 bauten die Danziger Werften nur wenige Schiffe für einheimische **Reeder**. Die Gesamttonnage der Danziger **Flotte** sank rapide und umfaßte zwischen 1922 und 1930 kaum 100 000 BRT. Die Schiffe stammten zum größten Teil aus der Zeit vor 1920. So besaß z. B. die Ende des 19. Jhs gegründete Danziger Dampfschiffahrts- und Seebad AG Weichsel einige Schlepper und Passagierschiffe aus den Jahren 1888–1912. Später kaufte sie nur noch vier Schlepper und während des Krieges zwei kleine Frachter hinzu.

1930 wurde in Danzig eine Tochterfirma der Bugsier-Reederei & Bergungs AG aus Hamburg gegründet. Bis 1945 besaß sie sieben Schlepper mit überwiegend Danziger Namen: *Krantor, Oliva, Saspe, Brösen, Thor, Danzig* und *Neufahrwasser.*

Die größte, 1920 im Freistaat registrierte Reederei war die Baltisch-Amerikanische Petroleum-Import-Gesellschaft (BAPIG). Bis zu ihrer Auflösung 1935 besaß sie 33 Tanker unter Danziger Flagge, größtenteils mit Motorantrieb. Die ersten vier Schiffe bekamen Namen aus der Region: *Zoppot, Gedania, Baltic* und *Vistula.*

Reedereien

Ein großes Unternehmen mit Tradition, das sich aus der 1858 gegründeten Maklerfirma Friedrich Gottlieb Reinholds entwickelte, war die Seereederei DANZIG, die ihren Zenit von 1920–1925 erreichte, als sie über 14 Frachtschiffe verfügte, darunter die *Peter von Danzig.* 1945 wurde die Firma nach Lübeck verlegt.

Eine der größten in Danzig registrierten Reedereien war die 1890 gegründete Firma Behnke & Sieg. Von 1920-1945 betrieb sie mehr als 10 Frachtschiffe auf Linien nach Hamburg, Antwerpen, London, Belfast, Stockholm und sogar bis China und Japan.

Nach 1918 versuchten auch polnische Unternehmen in Danzig Fuß zu fassen, allerdings nur mit geringem Erfolg.

Fischerei

Nach den Registern von 1930 waren damals im Freistaat insgesamt 451 **Fischer** tätig, die 70 Fahrzeuge mit mechanischem Antrieb und 505 Ruder- oder Segelboote besaßen. Die in den Folgejahren vorgenommene Mechanisierung veränderte die Struktur dieser Flottille. 1939 existierten im Danziger Gebiet 64 Motorkutter sowie 61 Motor- und 216 Segelboote, mit denen 2 400 Tonnen Fische pro Jahr gefangen wurden.

Darüber hinaus waren in der Freien Stadt neun Trawler und acht Lugger registriert, die einem 1938 gegründeten und in der Nordsee operierenden Unternehmen gehörten.

Wassersport

Die Danziger Technische Hochschule brachte zahlreiche Wassersportler,wie **Segler** und **Ruderer**, hervor. Studenten dieser Bildungsstätte bauten auch die Jacht *Peter von Danzig.* Deutsche Wassersportvereine hatten in der Hafenstadt seit 1880 mit dem Ruderklub Victoria und den etwas später gegründeten Klubs Akademischer Ruder-Verein Danzig sowie Danziger Ruder-Verein eine lange Tradition. Der älteste Segelklub war der 1897 gegründete Gode Wind, Danzig-Zoppoter Yacht-Club e. V.. Er tat sich insbesondere ab 1920 hervor. 1923 kaufte er drei Jachten mit je 75 m² Segelfläche und 1924 die sog. Kreuzerjacht *Peter von Danzig II* (mit 16,68 m Länge und 100 m² Segelfläche). 1925 gehörten zum Klub 29 Jachten, darunter eine von 28,70 m Länge mit Dampfantrieb. Der Hafen befand sich

Der Seesteg von Zoppot.

neben der Festung Weichselmünde und konnte 35 Boote aufnehmen.

1924 wurde der Danzig-Zoppoter Motor-Yacht-Club, ein Verein vermögender Leute, deren Boote mit Motoren von Daimler, Deutz, Opel und der Danziger Werft ausgerüstet waren, gegründet, der Anfang 1925 bereits über 12 Fahrzeuge zwischen 7 und 16 m Länge verfügte. Die Klubjachten lagen Am Winterplatz.

Polnische Klubs

Nach 1920 entstanden in Danzig auch polnische Klubs, wie z. B. 1922 der Polski Klub Jachtowy (Polnischer Jachtklub). Dessen größter Erfolg war der Sieg seiner Jacht *Korsarz* bei der internationalen Segelregatta Hela – Kiel 1936. Der ebenfalls 1922 in Danzig gegründete Polnische Ruder-Verein e.V. siegte u. a. beim Weichselrennen 1936, einem international besetzten Wettbewerb.

Polens Seehauptstadt seit 1945

Kurzchronik

1945

Am 27. März wird Gdynia, am 28. Danzig und am 30. die Westerplatte von der Roten Armee eingenommen. Bereits am 18. Juli nimmt der Hafen von Gdynia wieder seinen Betrieb auf, der Danziger Hafen folgt wenig später. Am 28. Juni wird das Ministerium für Schiffahrt und Außenhandel gebildet.

1947	Im Herbst beginnt die Lehrtätigkeit an der Politechnika Gdańska (Technische Hochschule), u. a. in den Richtungen Schiff- und Maschinenbau sowie später der Schiffsarchitektur. Ein Dreijahresplan zum Wiederaufbau Polens wird beschlossen.
1948	Der erste auf der Danziger Werft gebaute Erz-Kohlen-Frachter *Sołdek* läuft im Herbst vom Stapel.
1950	Etwa 200 000 Menschen leben bereits wieder in Danzig (im Vergleich zu 145 000 nach dem Krieg). Das historische Stadtzentrum wird nach altem Vorbild wieder aufgebaut. Durch den Bau neuer Stadtteile entsteht die Dreistadt Gdańsk-Sopot-Gdynia.
1970	Mitte Dezember kommt es aufgrund von Preiserhöhungen zu Streiks der Danziger Werftarbeiter und zu einem Arbeiteraufstand.
1980	Am 14. August beginnen die Arbeiter der Lenin-Werft abermals zu streiken. Die unabhängige Gewerkschaft Solidarność (Solidarität) wird gegründet.
1981	Am 13. Dezember wird über Polen das Kriegsrecht verhängt.
1988	Auf der Lenin-Werft wird erneut gestreikt. Solidarität und Regierung verhandeln am »Runden Tisch« über die Zukunft des Landes.
1989	Am 12. September wird die erste, aus freien Wahlen hervorgegangene Nachkriegsregierung Polens gebildet.
1996	Die Danziger Werft befindet sich seit 1995 in wirtschaftlichen Schwierigkeiten und steuert auf einen Konkurs zu.
1997	Danzig feiert sein 1 000jähriges Bestehen.

Neben der Alt- und Rechtstadt war der Danziger **Hafen** mit am stärksten von den Verwüstungen des Krieges betroffen. Die sich zurückziehenden deutschen Truppen hatten die Zugänge durch Minen und versenkte Schiffe blockiert. Hafenkais, Kräne und Lagerhäuser sowie die Werften und andere Industriebetriebe waren zerstört.

Neubeginn

Bereits am 1. April 1945 begannen die Aufräumarbeiten. Bei der Bergung von Wracks und Munition aus den Hafenbecken halfen sowjetische Spezialisten mit. Mitte 1945 liefen bereits die ersten Schiffe ein, und bis Ende des Jahres waren mehr als die Hälfte der Hafengebäude und acht Lagerhäuser mit 3 000 m^2 wieder aufgebaut sowie 24 Kräne repariert worden.

So sah Danzig an der Langen Brücke nach der Einnahme durch die Rote Armee im April 1945 aus.

Bis Ende 1945 hatte man 354 000 Tonnen Güter umgeschlagen, die Hälfte davon Kohle und Koks für den Export.

Der alte Mottlauhafen, in dem noch während des Zweiten Weltkrieges Frachtschiffe festgemacht hatten, wurde mit dem einzig erhaltenen Getreidespeicher zum Hinterland für Neufahrwasser sowie zum Liege- und Überwinterungsplatz für die Weichselkähne.

Ein dem Seeamt unterstellter Hafenvorstand nahm ebenfalls 1945 seine Tätigkeit wieder auf. Daneben wurde ein Büro für den Wiederaufbau der Häfen geschaffen.

In den ersten Nachkriegsjahren übernahmen vorwiegend private Firmen die Festmacher-, Speditions-, Makler- und Schiffsversorgungsdienste im Hafen. Ende 1947 gab es in den Häfen von Danzig und Gdynia insgesamt 34 private, 8 genossenschaftliche und lediglich 4 staatliche Unternehmen. 1947 hatte der Umschlag im Danziger Hafen schon die Marke von 5 Mill. Tonnen überschritten, den Wert des Jahresdurchschnitts von 1920 bis 1938 also.

Hafenausbau

Nach der Beseitigung der Kriegsschäden wurden in Neufahrwasser (nun Nowy Port) neue Hafenkais und Lagerhäuser gebaut, importierte Kräne (u. a. aus Finnland) installiert sowie neue Terminals für den Holz- und den Chemikalienumschlag (vor allem Schwefel und Kunstdünger) errichtet. 1980 verfügte dieser Hafenbereich über 90 Umschlagseinrichtungen, darunter Kräne, Portalkräne und Bandstraßen, sowie über eine Lagerfläche von 89 500 m^2.

Für den Passagierverkehr wurde ein spezieller Fährterminal geschaffen, der z. Z. nur noch eine Linie nach Schweden bedient. Der Hafenkanal wurde umgebaut, so u. a. die sog. Fünf-Pfiffe-Kurve verbrei-

Beladen von Frachtern (vorn Stückgut, hinten Getreide) im Danziger Hafen.

tert, was die Schiffssicherheit erheblich erhöhte und das Einlaufen von Fahrzeugen bis 200 m Länge ermöglichte.

Nordhafen

Der Bau eines neuen Außenhafens, des sog. Nordhafens, in dem Tanker bis 150 000 Tonnen und Massengutfrachter bis 100 000 Tonnen Tragfähigkeit abgefertigt werden sollten, wurde ab 1970 in Angriff genommen und ist bis heute noch nicht abgeschlossen. Seit 1975 sind dort die Piers für Flüssiggut und für Kohle mit einer jährlichen Umschlagskapazität von 7 Mill. Tonnen in Betrieb.

Der Hafenausbau bewirkte eine enorme Umschlagssteigerung: Waren es 1960 noch knapp sechs Mill. und 1970 etwas mehr als zehn Mill. Tonnen, so

Ein Kohlefrachter wird im Zawadzki-Becken verholt.

lag dieser Wert 1975 bereits bei 18,56 Mill. Ab 1977 avancierte Danzig mit 25,2 Mill. Tonnen Umschlag nicht nur zum größten Seehafen Polens, sondern auch zum größten im gesamten Ostseeraum. Jüngst erst wurde der Bau eines Terminals für Flüssiggase ins Auge gefaßt.

Reparationen

Am 14. Juni 1945 beschloß das Industrieministerium die Konzentration des **Schiffbaus** in der Vereinigung der Polnischen Werften mit Sitz in Danzig. Einen Teil der noch vorhandenen Werftanlagen (ca. 70%) beanspruchte die Sowjetunion als Reparationsleistung für sich. Die Übergabe der ehemals elf Danziger Werften an Polen war dann am 30. August 1945 beendet. Um die Verwaltungsarbeiten zu erleichtern, erhielten die Schiffbaubetriebe folgende Nummern: 1 Danziger Werft, 2 Schichauwerft, 3 Waggonfabrik, 4 Wojan-Werft, 5 Klawitter-Werft, 6 Ick-Werft, 7 Kropp-Werft, 8 Herbst-Werft, 9 Heyking-Werft, 10 Hainieks-Werft, 11 Werft des Hafenrates.

In der Anfangsperiode waren lediglich die fünf großen Werften für die Produktion vorgesehen. Die Werften mit den Nummern 6, 7, 8 und 10 wurden als kleine Bootsbaubetriebe dem Fischereiwesen zugeordnet, während man Nr. 9 und Nr. 11 anderen Branchen zuwies. Die Klawitter- wurde der Wojan-Werft unterstellt.

Danziger Werft

In der Danziger Werft wurde am 13. September 1945 eine 800-Tonnen-Presse als Voraussetzung für Schiffsreparaturen in Betrieb genommen. Bis zum Ende des Jahres wurden dort 20 Schiffe, darunter 10 ausländische, repariert. Bereits 1946 verfügte die Werft über zwei Schwimmdocks und nahm die mechanische Abteilung in Betrieb, so daß Generalreparaturen von Schiffen ermöglicht wurden.

Auch die Werft Nr. 3 nahm 1945 ihre Tätigkeit – zunächst mit der Reparatur von Eisenbahnfahrzeugen – auf. Später fertigte sie Brückenkonstruktionen und reparierte Lokomotiven. Da diese Werft über eine gut ausgestattete Tischlerei verfügte, begann sie mit dem Bau von Fischkuttern und von Rettungsbooten für die Kriegsmarine. Die Werft Nr. 4 führte Reparaturen von Passagierschiffen und Weichselkähnen durch.

Am 19. Oktober 1947 wurden die nahe beieinander liegenden Werften Nr. 1 und 2 zur **Stocznia Gdańska** (Danziger Werft) zusammengeschlossen.

Noch im gleichen Jahr begann man dort mit der Produktion von Stahl-Fischkuttern des Typs KS-17, die noch heute im Einsatz sind.

Verstaatlichung

1949 wurde mit der Sowjetunion ein Abkommen geschlossen, wonach mehr als 80% der Schiffbauproduktion in das Nachbarland exportiert werden sollten. Aus diesem Grunde wurden die größten Werften von Aktiengesellschaften in Staatsbetriebe überführt.

Danziger Werft

Auf der Danziger Werft sollten vornehmlich Stückgut- und Erz-Kohle-Frachter sowie Trawler gebaut werden. Deshalb begann man 1950 mit dem Bau einer neuen Helling und einer Pontonbrücke (zum Holm).

Die Stocznia Gdańska verfügte 1952 über neun Hellinge, zwei Schiffbauwerkstätten und zwei Schwimmdocks sowie über eine Reihe anderer Einrichtungen. 1951 erhielten einige Hellinge Portalkräne mit einer Tragkraft von 40 Tonnen, die ersten ihrer Art in der Welt.

Nach 1955 stieg die Produktion sprunghaft an, als die Serienfertigung von Stückgutfrachtern, den sog. Zehntausendern mit 10 000 tdw, begann. Danach wurde die Fließmontage von Trawlern aufgenommen, der ab 1957 der Bau von Fang- und Verarbeitungsschiffen für die Heringsfischerei mit 9 300 tdw folgte.

1960 nahm die Werft mit 32 vom Stapel gelaufenen Schiffen von insgesamt 173 476 BRT den fünften

Der Erz-Kohle-Frachter *Sołdek* (Stapellauf 6. November 1948) tritt seine 1. Reise an. Benannt wurde er nach dem besten Vorzeichner der Danziger Werft – Stanisław Sołdek. Heute liegt er als Museumsschiff beim Zentralen Schiffahrtsmuseum.

Platz in der Welt ein. Mitte der siebziger Jahre stellte sich die Werft auch auf den Bau von Containerfrachtern, wie 1976 der *Caribia Express* für die Hapag-Lloyd AG, ein.

Danziger Werft

Von 1945–1995 baute die Danziger Werft über 900 Schiffe, d. h. Fracht-, Fischerei- und Spezialfahrzeuge fast aller Typen, wozu Massengutfrachter, Mehrzweckschiffe, Versorgungsschiffe für Bohrinseln, Kranschiffe, Tanker für verschiedene Flüssiggüter, Kühlschiffe, Ro-Ro-Schiffe und nicht zuletzt auch einige Segelschiffe gehörten.

Die Veränderungen in Polen nach 1989 führten zu einem deutlichen Rückgang des Schiffbaus in der Danziger Werft. 1990 wurden lediglich sechs Schiffe fertiggestellt, 1991 fünf, 1992 acht, 1993 fünf und 1994 wiederum sechs. Seit 1995 ist der Niedergang noch deutlicher spürbar, und ein Überleben scheint ungewiß.

Nordwerft

Die **Stocznia Północna** (Nordwerft) ging 1950 aus der ehemaligen Waggonfabrik hervor. Als 1951 die Produktion von Eisenbahnwagen eingestellt wurde, baute man hauptsächlich Treibnetztrawler in Serie, selbst für westeuropäische Auftraggeber. Nach einer 1958 vorgenommenen Modernisierung gehörten auch Patrouillenboote des Typs Gdańsk zur Produktionspalette. Der Bau von Kriegs- und Spezialschiffen für Polen und die Sowjetunion auf der Nordwerft wurde streng geheimgehalten. Nach dem Bau einer zweiten Helling und des Ausrüstungszentrums auf dem Holm konnte die Produktion u. a. um Fahrzeuge für den hydrographischen Dienst, Landungsschiffe und Torpedoschnellboote erweitert werden. Später kamen Vermessungsschiffe und große Feuerlöschboote hinzu. 1984 entstand auf der Nordwerft die Korvette *Kaszub*, das größte jemals in Polen für die Kriegsmarine gebaute Schiff.

Von 1989–1991 kämpfte die Werft ums nackte Überleben. Der größte Absatzmarkt, die Sowjetunion, brach weg. Drei für die UdSSR gebaute Schiffe wurden nicht bezahlt. Jedoch hat sich die Nordwerft inzwischen mit neuen Aufträgen zum Bau von Schiffsrümpfen für ausländische Kunden den marktwirtschaftlichen Erfordernissen angepaßt.

Reparaturwerft

1952 wurde aus der Danziger Werft die **Reparaturwerft** herausgelöst. Neben dem Bau kleinerer Fahrzeuge spezialisierte sie sich auf die Produktion

Eines von sechs Segmenten des Schwimmdocks für die Göteborger Werft wird zu Wasser gelassen. Nach einer von polnischen Ingenieuren entwickelten Technologie wurden die Teile dann im schwimmenden Zustand montiert.

von Schwimmdocks. Die größte Leistung bisher war der Bau eines Docks mit 55 000 Tonnen Tragfähigkeit für die Göteborger Werft. Heute bilden Schiffsreparaturen den Schwerpunkt im Angebot dieser Danziger Werft, so daß ihre Auftragslage weitaus günstiger als die der Neubauwerften ist.

Werft Weichsel

Die **Werft Wisła** (Weichsel) begann ihre Produktion 1958 mit dem Bau von Binnenfahrgastschiffen, später auch von Passagierschiffen für die Küstenfahrt. Das bedeutendste von ihnen war die 1967 fertiggestellte *Halka.* 1965 stellte sie das erste Tragflächenschiff polnischer Konstruktion fertig. Außer einigen Serien von kleinen Fischereifahrzeugen baute diese Werft vornehmlich Doppelrumpfschiffe vom Lotsenkutter bis zu größeren Fahrgastschiffen, von denen einige, wie die *Szmaragd*, die *Szafir* und die *Opal*, auf der Mottlau als Vertreter der Weißen Flotte anzutreffen sind. Anfang der siebziger Jahre baute die Werft, die z.Z. umfassend reorganisiert wird, auch Rettungs- und Bergungsschiffe für Polen und die DDR.

Jachtwerft

Abschließend sei noch die Gdańska Stocznia Jachtowa, die Danziger **Jachtwerft**, erwähnt. Sie begann ihre Produktion mit Rennjachten des Typs Ametyst und King's Ametyst, von denen 93 Stück zwischen 1960 und 1967 ins Ausland gingen. Hinzu kamen die Typen Hjuvik Kryssare, Opal, Szmaragd, Szafir u.a. Die Version *Szmaragd I* war der Prototyp von Jachten aus Laminaten, welche ein Exportschlager wurden.

Nach wirtschaftlichen Schwierigkeiten von 1989–1990 wurde die Werft umstrukturiert, d.h. in mehrere kleinere Firmen aufgespalten und privatisiert. Diese könnten überleben, obwohl sie mit anderen privaten Bootswerften konkurrieren müssen.

Klassifikation

Eine wichtige Rolle in der Seewirtschaft spielt das Polski Rejestr Statków (PRS), das Polnische **Schiffsregister**. Dieses Klassifikationsorgan wurde 1946 in Danzig als GmbH gegründet und 1950 in ein staatliches Unternehmen umgewandelt. Es arbeitet mit den größten Klassifikations- und Schiffsversicherungsgesellschaften der Welt zusammen, hat Niederlassungen in anderen polnischen Städten und Vertretungen im Ausland. Das PRS hat die weltweit ersten »Vorschriften für den Bau von Booten aus Polyester-Glas-Laminaten« (1961) sowie die ersten »Bauvorschriften für Schwimmdocks aus Stahl« (1965) herausgegeben. Seit 1957 wird alljährlich ein eigenes Register der Seeschiffe veröffentlicht. Daneben werden aber auch Hochseejachten registriert.

Staatsreederei

Am 1. Februar 1963 wurde in Danzig eine Filiale der damals größten polnischen **Reederei**, der Polskie Linie Oceaniczne (PLO), gegründet. Die Niederlassung befand sich in der Langgasse und betrieb Linien nach Afrika, ins Mittelmeer sowie ins Schwarze und Rote Meer. Die PLO eröffnete auch Fährverbindungen nach Schweden (von Gdynia aus) und 1973 nach Finnland (von Danzig aus).

Mit der Stadt ist aber vor allem die Żegluga Gdańska, die Danziger Schiffahrt, verbunden. In den vergangenen 50 Jahren wurde die Firma mehrmals

Zwei polnische Schiffe in den Docks der Danziger Reparaturwerft.

»Danziger Schiffahrt«

reorganisiert. Ihre Anfänge reichen bis Juni 1946 zurück, als die Stadtverwaltungen von Danzig, Gdynia und Stettin die Gesellschaft »Gryf« (Greif) für die Küstenschiffahrt in Danzig gründeten. Im Sommer 1947 wurde eine erste Fahrgastlinie in der Danziger Bucht eröffnet. Ein Jahr später existierten bereits neun Linien mit elf Schiffen. Die Żegluga Gdańska betrieb die Linienschiffahrt auf den Gewässern der Danziger Bucht, des Frischen Haffs und im Binnenland. Nach 1989 wurde aus der Firma ein neues, nunmehr privates Unternehmen ausgegliedert, das sich auf die Passagierbeförderung spezialisierte. Der Stammbetrieb befaßt sich unter altem Namen ausschließlich mit dem Gütertransport.

Wassersport

In Danzig gibt es eine Reihe von **Segel**- und **Ruderklubs** sowie von anderen Wassersportvereinen. Einer der bedeutendsten unter ihnen ist der bereits in der Freien Stadt gegründete Gdański Klub Morski (Danziger Seeklub). Sportsegler aus dem 1947 gegründeten Jachtklub der Danziger Werft unternahmen sogar Reisen in die Polargebiete. 1976/77 überquerten sie z. B. unter Kapitän Dariusz Bogucki mit der Jacht *Gedania* beide Polarkreise.

Leider befinden sich diese Zentren am Rande der Stadt. Jedoch wird 1997 am Kai der Schäferei an der Neuen Mottlau, gegenüber dem Krantor, ein neuer Jachthafen eröffnet.

Ubena-Nachbau der Bremer Kogge 1991 zu Gast in Danzig. Vorn ist ein Tragflächenboot sowjetischer Bauart der polnischen Marine und im Hintergrund ein Ausflugsschiff zu sehen.

Ein Rundgang durch die Stadt

Um die wichtigsten, vornehmlich maritimen Sehenswürdigkeiten in Danzig zu erreichen, wird die folgende Route (s. Stadtplan) empfohlen:

Stationen

Nationalmuseum (1) – Ankerschmiedeturm (2) – Lastadie (3) – Grünes Tor (4) – Langer Markt mit dem Steffenschen oder auch Goldenen Haus (5) – Artushof und Danziger Diele (6) – Neptunbrunnen (7) – Rechtstädtisches Rathaus (8) – Langgasse mit dem Ferberschen und dem Uphagenhaus (9) – Marienkirche an der Jopengasse (10) – Brotbänkengasse mit dem Englischen Haus (11) – Brotbänkentor (12) – Lange Brücke mit dem Archäologischen Museum (13) – Frauengasse (14) – Schiffergildenhaus (15) – Zentrales Schiffahrtsmuseum (16) mit dem Krantor und dem angrenzenden Gebäude – Insel Bleihof und die Speicher (17) – Museumsschiff *Sołdek* (18) – Schäferei mit Hafenkränen und Jachthafen (19) – Fischmarkt und Schwanenturm (20) – Polnische Post (21) mit Postmuseum – Brigittenkirche (22) – Jakobskirche (23) – Bibliothek der Polnischen Akademie der Wissenschaften (ehem. Danziger Stadtbibliothek) (24) – Denkmal der gefallenen Werftarbeiter (25) – Danziger Werft (26) mit Museum – Staatliches Archiv der Wojewodschaft (27) – Altstädtisches Rathaus (28) – Hevelius-Denkmal (29) – Große Mühle (30) – Katharinenkirche mit Uhrenmuseum (31) – Nikolaikirche (32) – Großes Zeughaus (33) – Georgshalle (34) – Goldenes Tor (35) – Stockturm und Peinkammer (36) – Hohes Tor (37) – Polnische Nationalbank (38).

Die Nummern der einzelnen Stationen entsprechen denen im Stadtplan.

Etappen

Es ist möglich, diese Rundtour an einem Tag zurückzulegen. Da aber am Wege sechs Museen mit zahlreichen Abteilungen, die alle nicht nur maritime Schaustücke enthalten, liegen, kann die Besichtigung in zwei oder drei Etappen aufgeteilt werden, für die man sich einige Tage Zeit nehmen sollte. Die meisten historischen Bauten und Plätze befinden sich in der Recht- oder in der Altstadt, wobei die Rechtstadt für den allgemeinen Autoverkehr größtenteils gesperrt ist. Deshalb sollte das Auto auf einem bewachten

Parkplatz am Hotel bzw. an einem der Routen-Endpunkte abgestellt und der Rundgang zu Fuß vorgenommen werden, und zwar entweder in der vorgegebenen oder der entgegengesetzten Richtung, d.h., auch von der Danziger Werft zum Nationalmuseum hin. Befindet sich das Auto also an einem der Ausgangspunkte, so kann man zu diesem problemlos mit dem Bus (A), der Straßenbahn (T) oder einem Taxi zurückkehren. Entsprechende Haltestellen sind im Stadtplan verzeichnet. Der Autor empfiehlt jedoch, die Gelegenheit für einen zwanglosen Bummel zu nutzen, da die Stadt einiges zu bieten hat. Man kann allerdings auch die Route abkürzen und dann anhand des Stadtplans zum Ausgangspunkt zurückkehren.

Autoverkehr

Einige Hinweise für motorisierte Besucher: Die Rechtstadt darf man mit dem eigenen Auto nur mit Sondergenehmigung befahren. Die Stadtpolizei ist sehr rührig, und die Bußgelder sind saftig. Im Büro der Stadtpolizei (Straż Miejska) kann man eine einmalige, zeitlich befristete Erlaubnis zum Befahren der Rechtstadt bekommen, die aber relativ teuer ist. Hinzu kommen dann die bekannten Schwierigkeiten bei der Parkplatzsuche. Und schlimmstenfalls kann das Auto sogar aufgebrochen oder gestohlen werden. Wie man sich in einem solchen Fall verhalten sollte, ist dem im Anhang zitierten Merkblatt der Danziger Polizei zu entnehmen. Frei zugänglich ist lediglich die ul. Szeroka (Breitgasse), wo Parkautomaten aufgestellt sind. Die Altstadt mit der ul. Rajska (Paradiesgasse), ul. Łagiewniki (Schüsseldamm), ul. Wałowa (Wallgasse), ul. Korzenna (Pfefferstadt) und dem Podwale Staromiejskie (Altstädtischen Graben) sind ohne Einschränkungen für den Verkehr zugelassen. In den meisten Straßenzügen befinden sich Parkautomaten. Es gibt aber auch bewachte Parkplätze, wie z.B. am Altstädtischen Graben oder am Hevelius-Hotel, die im Stadtplan verzeichnet sind. Dort jedoch ein freies Plätzchen zu finden, gelingt in der Regel nur in den frühen Morgenstunden oder am Abend. In der Hochsaison, insbesondere während des Dominiksmarktes (gewöhnlich in der ersten Augusthälfte), sucht man häufig vergebens nach einem Parkplatz. Im historischen Stadtzentrum sind die Verkehrszeichen, wie Einbahnstraßen- und Parkverbotsschilder, strikt zu beachten.

(1) Nationalmuseum in der ul. Toruńska (Thornscher Weg)

Anfahrt: Bus 121; Straßenbahnlinien 8 und 13; bewachter Parkplatz in der ul. Rzeźnicka (Fleischergasse)

Dieses älteste Museum Danzigs entstand 1870 im Gebäude des ehemaligen Franziskanerklosters, das Friedrich Wilhelm IV. 1855 der Stadt überlassen hatte. Die ersten Ausstellungen des damaligen Städtischen Museums mit Werken Danziger Maler waren ab 1873 für Besucher zugänglich. Nach dem Zweiten Weltkrieg wurde hier das Pommeranische Museum eingerichtet, das 1972 den Status eines Nationalmuseums erhielt. Es besitzt eine reichhaltige Sammlung Danziger und europäischer Malerei vom Mittelalter bis zum Anfang des 20. Jhs, ferner kostbare Möbel sowie Gegenstände aus Kunstgewerbe, Keramikherstellung und Goldschmiedekunst. Wertvollstes Schaustück der Sammlungen ist das Triptychon von Hans Memling »Das Jüngste Gericht« (1466, vom berühmten Korsar Paul Beneke 1473 erbeutet und nach Danzig gebracht). An

Detail vom Prunkbecher der Weichselkahnführer-Zunft (in den Beständen des Danziger Nationalmuseums).

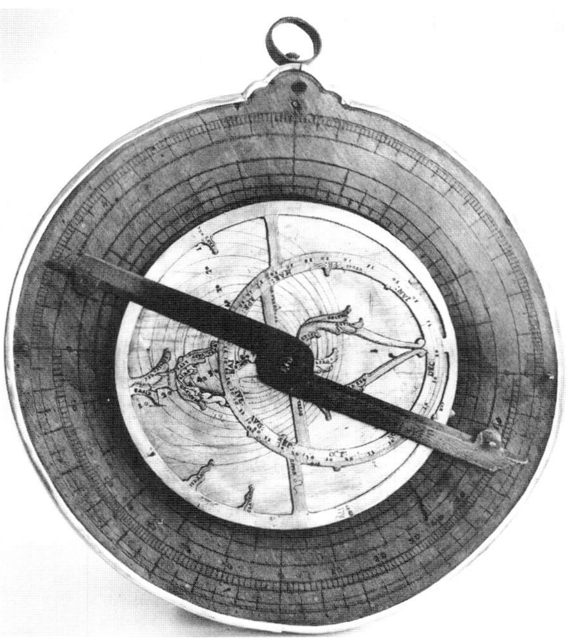

Astrolabium aus dem 16. Jh. Zunächst noch vorwiegend aus den Niederlanden eingeführt, wurden nautische Instrumente bereits im 17. Jh. in Danzig selbst hergestellt. Der bekannte Astronom Johann Hevelius (Heweliusz, 1611–1687) konstruierte zahlreiche Meßinstrumente und optische Geräte, so u. a. das Periskop, mit Auswirkungen auf die Navigation seiner Zeit (in den Beständen des Danziger Nationalmuseums).

maritimen Stücken befinden sich in den ständigen Ausstellungen das Fragment eines Altars aus dem Jahre 1380 mit Szenen aus dem Leben des Hl. Nikolai (Abb. s. S. 18). In der Ausstellung zur Danziger Goldschmiedekunst werden u.a. ein vergoldetes Gefäß für heilige Öle in der Form eines mittelalterlichen Holks (Abb. s. S. 24) sowie ein vergoldeter Pokal der Weichselkahnführer-Zunft aus dem 18. Jh. gezeigt.

Im ehemaligen Refektorium, wo alte Keramik ausgestellt wird, befinden sich u. a. mehrere Teller und eine Punschschüssel, auf denen Danziger Schiffe aus der zweiten Hälfte des 18. Jhs zu sehen sind. In der Galerie Alter Malerei sind Gemälde mit maritimen Themen zu bewundern, darunter eines aus der Katharinenkirche »Die Hinrichtung eines Verurteilten«, das 1636 von einem unbekannten Danziger Maler angefertigt wurde und sich im Epitaph der Familie Henning befand (Gegenwärtig wird nur die Kopie des Gemäldes gezeigt.).

Außenstellen

Das Danziger Nationalmuseum besitzt zwei Außenstellen in Oliva: Im Schloß der Äbte wird moderne Kunst gezeigt, und im historischen Speicher sind ethnographische Sammlungen zu sehen, wo u. a. auch die traditionelle kaschubische Fischerei vorgestellt wird.

Kirchliche Bauwerke

Auf der anderen Seite des ehemaligen Klosterkomplexes befindet sich die Trinitatiskirche mit weiteren interessanten Bauwerken, wie der St. Annen-Kapelle und des einzigen erhaltenen Danziger Kanzelhauses.

(2) Ankerschmiedeturm in der ul. Kotwiczników (Ankerschmiedegasse)

Anfahrt: Busse 138, 158, 164, 166, 178, 186; Straßenbahnlinien 8 und 13

Ankerschmiedetor

Erbaut wurde dieser Wehrturm im ausgehenden 14. Jh. am damaligen Ankerschmiedetor, und zwar mit einem quadratischen Grundriß. Seine Mauern sind bis zu 2 m dick. Der Turm wurde auch als Gefängnis genutzt und im 16. Jh. im Renaissancestil umgebaut. Nach der Zerstörung im Zweiten Weltkrieg baute man ihn wieder auf und richtete dort Büros ein. Gegenwärtig hat in ihm der Denkmalpfleger der Wojewodschaft seinen Sitz.

(3) Lastadia (Lastadie)

Auf diesem Gelände befand sich anfangs der mittelalterliche Hafenumschlagplatz und später ausschließlich die Werft, die noch Anfang des 17. Jhs in Betrieb war (Näheres – auch zur Ankerschmiedezunft – s. S. 21). 1385 entstand dort eine Kirche für die in der Danziger Vorstadt ansässigen Schiffszimmerleute, welche wenige Jahrzehnte später abbrannte und 1424 zu Ehren der Apostel Petrus und Paulus neu errichtet wurde. Als Pfarrkirche der Vorstadt diente sie seit der Reformation den Calvinisten und ist ab 1957 eine katholische Kirche, die derzeit wieder aufgebaut wird.

Kirche Peter und Paul

(4) Zielona Brama (Grünes Tor)

Dieses Bauwerk befindet sich am Ende des Langen Marktes zur Mottlau hin, und zwar an der Grünen Brücke (Zielony Most). Im Mittelalter stand dort das Koggentor mit der gleichnamigen Brücke, wahrscheinlich wegen der häufig anlegenden Schiffe so genannt. Leider ist das Aussehen beider Bauten völlig unbekannt. In den Jahren 1564–1569 ließen Johann Kramer und der Holländer Regnier das neue Gebäude im Renaissancestil mit drei Durchfahrten errichten (Die vierte Durchfahrt entstand erst 1883, indem man die Räume der Großen Waage dafür opferte.). Der Bau sollte als Residenz der polnischen Könige während ihres Aufenthalts in Danzig dienen, denn er lag am Ende des Königlichen Weges, wurde aber eher als Zeughaus benutzt. Von 1746–1845 diente er als Sitz der Naturforschenden Gesellschaft. Seit 1880 befand sich im Grünen Tor das Westpreußische Provinzialmuseum. Seinen Namen hat das Gebäude – wie auch die davor liegende Brücke – von den grün bemalten Dekorationsteilen erhalten. Zudem soll die Brücke seit dem Ende des 16. Jhs grün angestrichen gewesen sein.

Koggentor

Königsresidenz

(5) Długi Targ (Langer Markt)

In der mittelalterlichen Stadtplanung war kein besonderer Marktplatz vorgesehen. In Danzig erfüllten diese Funktion die Hafenkais und an einigen Tagen in der Woche eben auch der Lange Markt. Seit der Renaissance hatte dieser häufig der Repräsentation zu dienen. Der Lange Markt ist eine Verlängerung der Langgasse, durch die traditionell hochgestellte Per-

Königsweg

sönlichkeiten, vor allem aber die polnischen Könige, in die Stadt einzogen. Deren Residenz sollte das Grüne Tor sein, wobei sie jedoch meistens am Langen Markt 1–4 Quartier bezogen.

In der Nähe des Rathauses stechen die Fassaden des »Goldenen Hauses«, des Artushofes und der Danziger Diele ins Auge.

Goldenes Haus

Das Goldene Haus (Langer Markt Nr. 41) war einst als »Speymannhaus« oder »Steffensches Haus« bekannt. Die vergoldete Fassade hatte 1609 Abraham van den Block für den Bürgermeister und Kunstliebhaber Johann Speymann entworfen, dessen Eigentum das Gebäude von 1612–1625 war. Zum reichen Dekor gehören Bildnisse antiker Helden sowie der polnischen Könige Władysław Jagiello und Sigismund III. Wasa.

(6) Artushof und Danziger Diele mit der Abteilung des Museums für Danziger Geschichte

Langer Markt

Alter Artushof

Der Artushof, eines der größten und prächtigsten Bauwerke seiner Art in Europa, war ein Zentrum gesellschaftlichen Lebens, wo sich die reichen Kaufleute und der Adel trafen. Solche Bauten ließ im Mittelalter das wohlhabende Bürgertum errichten, um auf diese Weise die Sitten der ritterlichen Treffen zu den Zeiten des legendären Königs Artur und seiner Tafelrunde nachzuahmen.

Ein solches Bauwerk existierte bereits 1350 in Danzig. Nach Bränden in den Jahren 1476 und 1477 wur-

Blick in den Artushof mit seinen maritimen Motiven in der überaus reichen Ausstattung – Mitte des 19. Jhs. Schiffsmodelle zählten seit dem 16. Jh. zum repräsentativen Raumschmuck des Artushofes und später der Danziger Diele. Sie waren das Eigentum aller Brüderschaften, auch Banken genannt, weshalb diese für deren Erhalt gemeinsam aufkamen. Ende des 19. Jhs wurden zu den vorher vermutlich vier noch weitere zwei Modelle, eine Brigg und eine Fregatte, gestiftet (Gemälde von Schultz).

Danzig aus der Vogelperspektive, von der Mottlau aus gesehen.

de 1478–1481 ein neuer und größerer Artushof gebaut. Dieses Gebäude existierte bis 1945. Das Gewölbe im 350 m² großen, gotischen Saal wird heute von vier schlanken Granitpfeilern gestützt. Die ursprünglich vorhandenen zerstörte 1945 ein Brand. Sie stammten wahrscheinlich aus der Danziger Ordensburg, welche 1454 von den Stadtbewohnern abgetragen worden war. Der Wiederaufbau nach dem Krieg dauerte lange. Die erste Ausstellung im Artushof stand unter dem Motto »Vom Riemen bis zum Atomantrieb« und wurde 1958 eröffnet. Sie bildete den Grundstock für die Sammlungen des Danziger Schiffahrtsmuseums. Eine maritime Überraschung erlebten die Archäologen 1988, als bei Grabungen im unterirdischen Gewölbe des Artushofes die Reste von Bordwänden eines kleinen Schiffes aus dem Ende des 13. Jhs zum Vorschein kamen. Sie waren im 14. Jh. als Isolierschichten unter der Kellersohle ausgelegt worden, um das Gebäude vor einsickerndem Grundwasser zu schützen.

Bruderschaften

Erster Nutzer des Artushofes war die Bruderschaft St. Georg, die 1494 in ihr neues Domizil am Langgasser Tor umzog. Im Artushof versammelten sich mit der Zeit traditionell die Bruderschaften, welche ihre Stammplätze innehatten und daher Bänke genannt wurden. So gab es die Reinholdsbank, die Marienburger Bank, die Dreikönigsbank, die Christopher-Bank, die Schöffen-Bank, die Holländische Bank und die Schiffer-Bank. Jede Bank war bemüht, ihren Teil des Raumes möglichst prächtig auszuschmücken, so daß Gemälde u. a. Kunstwerke bis hinauf zum prachtvollen Sternengewölbe reichten. Auch auf diese Weise wurde der ständig zunehmende Reichtum der Stadt und seiner Kaufmannschaft im 16.–18. Jh. demonstriert. 1617 durfte Abraham van den Block die Fassade neu gestalten.

Fassade

Am Portal sind Medaillons mit den Bildnissen des Königs Sigismund III. Wasa und des Prinzen Ladislaus zu erkennen. Etwas höher befinden sich Statuen antiker Helden, so des Scipio Africanus, Themistokles, Marcus Camillus und Judas Maccabäus. Noch höher, in den Nischen der Attika, stehen die Allegorien der Gerechtigkeit und der Kraft, während die Figur der Fortuna auf dem Dachfirst die gesamte Front krönt. Denn die Glücksgöttin ist nun einmal die wichtigste Schutzpatronin einer auf Gedeih und Verderb vom Seehandel abhängigen Stadt.

Das um 1500 entstandene Seegemälde, welches unter dem Namen »Kirchenschiff« (Symbol für die Größe und Macht der Kirche) bekannt wurde, befand sich bis zum Zweiten Weltkrieg im Artushof, und zwar hing es an der Ostwand in der Nähe des Ofens. Es ist seitdem verschollen.

Wie es einer Hafenstadt geziemt, fehlte es im Artushof nicht an maritimen Ausstattungselementen. Zu diesen gehörten das Gemälde »Schiff der Kirche« sowie einige Schiffsmodelle, die im 16. Jh. zeremoniellen Zwecken dienten. Aus Eintragungen in alten Handelsbüchern und Chroniken geht hervor, daß während der Feierlichkeiten zu Ehren hochgestellter Persönlichkeiten, insbesondere der polnischen Könige, Feuerwerke veranstaltet und Salven aus den zierlichen Kanonen der Schiffsmodelle abgefeuert wurden. Eine solche Zeremonie fand zu Ehren des polnischen Königs Stefan Batory am 4. Oktober 1579 statt. Der »Salut« wurde vom Modell einer kleinen Mittelmeergaleere abgefeuert, deren beschädigter Rumpf bis heute erhalten geblieben ist. Wenn der in Vorbereitung auf die Millenniumsfeierlichkeiten rekonstruierte Artushof wieder seine Pforten öffnet, wird dort eine Kopie dieses Modells gezeigt. Darüber hinaus ist es gelungen, drei weitere Schiffsmodelle aufzuspüren, und zwar die Zweidecker *Mars* und *St. Jacob* sowie die Fregatte *Den Heldenmodige.* Die beiden restlichen Modelle der Brigg *Nordstar* und einer Fregatte unbekannten Namens waren nach dem Krieg verschollen. Im rekonstruierten Innenraum fehlt auch das »Kir-

Ausstellung

Der berühmte Rote Saal, die Sommer-Ratsstube, im Rathaus der Rechtstadt.

chenschiff«-Gemälde, von dem lediglich ein Brett erhalten geblieben ist (Über die Ausstattung des Artushofes geben weitere Publikationen Auskunft). An dieser Stelle seien nur noch die Plastik von Hans Brandt mit dem heiligen Georg (um 1485) und der 12 m hohe Renaissance-Kachelofen (der höchste der Welt) erwähnt. Nicht alle Kunstwerke konnten nach dem Zweiten Weltkrieg wiederaufgefunden werden – ihre Plätze an den Wänden bleiben frei. Vielleicht wird man sie eines Tages noch entdecken.

Danziger Diele

Der Artushof ist mit einem weiteren Gebäude, der sog. Danziger Diele, verbunden. Sie entstand in den Jahren 1900–1903 als Beispiel eines typischen Empfangsraumes im Haus eines reichen Patriziers. Während dieser Zeit wurden in Danzig zahlreiche Bürgerhäuser radikal umgebaut, wodurch sie ihren spezifischen Charakter verloren. Die Einrichtung der Danziger Diele geht auf die Initiative einiger Mitglieder der Stadtbehörde zurück, denen daran gele-

Ausschnitt aus dem Deckengemälde Apotheose Danzigs von 1608 (Sinnbild der Blütezeit Danzigs des Malers Isaak van den Block) im Roten Saal. Mittelpunkt der damaligen Stadt war der Artushof, wo sich die Patrizier, ausländische Kaufleute und der die Produkte des Landes verkaufende polnische Adel ein Stelldichein gaben.

gen war, einige Zeugen der alten Pracht Danzigs zu erhalten. Besondere Verdienste erwarb sich dabei der Danziger Kaufmann und Kunstsammler Lesser Gieldzinski. Ähnlich wie im benachbarten Artushof, sollten auch in der Diele Schiffsmodelle (fünf an der Zahl) den maritimen Charakter des Raumes betonen. Leider überstand nur eines davon, das Modell eines Danziger Frachtschiffes aus dem Jahre 1775, die Wirren der Epoche. Drei andere galten bereits vor dem Zweiten Weltkrieg als verschollen. Freilich ist der historische und künstlerische Wert dieser Modelle nicht sehr hoch zu veranschlagen (die ältesten Modelle entstanden um 1775), jedoch stellten sie immerhin eine bedeutende und ziemlich vollständige Sammlung von Danziger Schiffstypen dar.

So sah die im Krieg zerstörte Danziger Diele, der Vorraum zum Artushof, um 1930 aus.

Gegenwärtig wird in der rekonstruierten Danziger Diele das einzige erhaltene Modell gezeigt sowie einige neuere Stücke, wie z. B. das Modell der Fregatte *Friedrich Wilhelm zu Pferde.*

Vor dem Artushof

Ein silbernes Modell des Neptunbrunnens vor dem Artushof – von Moritz Stumpf Mitte des 19. Jhs angefertigt. Es befindet sich in den Beständen des Schiffahrtsmuseums.

(7) Neptunbrunnen

Sein Bau wurde 1606 vom Bürgermeister Bartholomäus Schachmann veranlaßt, der unter dem Eindruck einer Italienreise beschlossen hatte, Danzig mit einer Darstellung des Meeresgottes Neptun zu schmücken. Als Standort wurde ein Platz am Langen Markt ausgewählt, wo sich bereits ein hölzerner Brunnen aus früherer Zeit befand. Den steinernen Schaft und die Schale fertigte Abraham van den Block an, die Figur wurde 1615 in der Werkstatt Peter Husens gegossen. Der Brunnen samt eisernem Gitter wurde 1633 fertiggestellt. Nach der Überlieferung soll in einer Nacht aus dem Dreizack Neptuns Danziger Goldwasser hervorgesprudelt sein, weshalb die Schale 1643 mit einem kunstvollen Gitter umgeben wurde. In der zweiten Hälfte des 17. Jhs schuf der Bildhauer Johann Karl Stender eine mit imaginären Meerestieren geschmückte Brüstung für das Kunstwerk. Vor dem Ende des Zweiten Weltkrieges wurde der Brunnen demontiert und in Sicherheit gebracht. Erst 1954 wurde er wieder aufgestellt.

(8) Rechtstädtisches Rathaus

Langgasse

In diesem Gebäude befindet sich der Hauptsitz des Museums für Danziger Geschichte. Aber das Rathaus hat auch Repräsentationsfunktionen für die Behörden der Stadt und für diejenigen der Wojewodschaft zu erfüllen. In seinen Prunkräumen werden hervorragende Staatsmänner aus aller Welt, die während ihres Aufenthaltes in Polen auch Danzig besuchen, empfangen. Der Bau brannte im März 1945 aus und wurde anschließend wieder mühevoll restauriert.

Geschichte

Das Rathaus hat eine interessante Geschichte und verfügt über eine prunkvolle Ausstattung. In seinen Räumen fanden die Sitzungen des Rates und des Gerichts statt. Hierher kamen die Schiffer, um in der Pfahlkammer (im Erdgeschoß – beherbergt heute ein Café) die Hafengebühren zu entrichten. Archäologische Forschungen haben ergeben, daß an eben dieser Stelle bereits im 13. Jh. ein großes Bauwerk aus Holz stand. Vermutlich war es ebenfalls ein Rathaus, dessen Bau den Lübecker Kaufleuten der polnische König Władysław Łokietek 1298 genehmigt hatte. Diesem Zweck diente das Gebäude wahrscheinlich auch nach 1343 weiterhin, als der Deutsche Orden die Gründungsurkunde für die Rechtstadt nach Kulmer Recht ausstellte.

Detail von dem »Guldenen Kerl« aus dem Jahre 1561, einer vergoldeten Figur des polnischen Königs Sigismund II. August, auf dem 82 m hohen Turm des Rathauses der Rechtstadt (heute im Museum der Marienburg).

Die rekonstruierte astronomische Uhr in der Marienkirche.

Die Nationalbank in Danzig mit einem alten Handelsschiff als Wahrzeichen, links daneben das Hohe Tor und der Stockturm im Hintergrund.

Das polnische Seeinstitut, 1954 aus dem 1950 gegründeten Seetechnischen Institut (für die Seewirtschaft) hervorgegangen, hat seinen Hauptsitz im Steffenschen Haus, dahinter das Rathaus der Rechtstadt und die Lange Gasse.

Das Steffensche Haus, wegen seines reichen Schmucks auch das Goldene genannt (Beschreibung s. S. 96), befindet sich unmittelbar neben dem Artushof, der Danziger Diele und dem Rechtstädtischen Rathaus.

1379–1382 wurde dann an diesem Platz ein neues Rathaus aus Backstein errichtet, das in den folgenden Jahrhunderten allmählich erweitert wurde. In dem 82 m hohen Turm wurde ein Glockenspiel untergebracht, und auf dessen Spitze fand 1561 die vergoldete Statue des polnischen Königs Sigismund II. August von Dirk Daniels ihren Platz. Auf der vom König gehaltenen Lanze befindet sich als Wetterfahne das getreue Abbild einer Galeone, eines damals in der Ostsee noch neuartigen Kriegsschiffes.

Rathausturm

Von 1560–1561 stellte der polnische König die ersten Kaperbriefe für Danziger Kapitäne aus, welche die Schiffahrt nach Narwa, dem neuen, für Rußland wichtigen Handelshafen stören sollten.

Nach einem Brand im Jahre 1556 wurden Teile des Rathauses im Renaissance-Stil ergänzt. 1589 kam an der Südwand eine Sonnenuhr hinzu.

Ausstattung

Die heutige Innenausstattung erhielt das Rathaus zur Wende vom 16. zum 17. Jh. In der Diele fällt ein

Ausstattung

eisernes Gitter aus dem 16. Jh. ins Auge, das den Zugang zur reich geschnitzten Wendeltreppe und zur Galerie (teilweise rekonstruiert) versperrt. Nebenan befindet sich der Eingang zum schönsten Raum des Gebäudes, dem Roten Saal oder der Großen Ratsstube. Die Wettstube, auch Weißer Saal genannt, liegt gegenüber. Das Außenportal des Roten Saals wurde um 1680 aus Eichenholz gefertigt und weist in seiner Dekoration ein maritimes Motiv auf: zwei mit ihren Fischschwänzen verflochtene Tritonenpaare. Auf dem Gesims steht die Inschrift PRO LEGE – MILITEMUS – PRO GREGE (Für das Recht kämpfen wir, für die Allgemeinheit). Über der Kartusche mit dem Danziger Wappen sieht man den polnischen Adler mit dem Wappen des Königs Sobieski »Janina«. Die Innenausstattung wurde während des Krieges ausgelagert, so daß sie danach vollständig rekonstruiert werden konnte.

Roter Saal *(Abb. S. 100 f.)*

Besonders interessant ist die Decke aus dem Jahre 1608. Sie zieren 25 Gemälde biblischen, allegorischen und symbolischen Inhalts von Isaak van den Block. Das größte Kunstwerk in der Mitte wird »Allegorie des Danziger Handels« bzw. »Apotheose des Bündnisses Danzigs mit Polen« oder kurz »Apotheose Danzigs« genannt. Im Vordergrund dieses Gemäldes zeigt der Künstler die Fassade des Artushofes und davor den Neptunbrunnen, wo sich Szenen aus dem städtischen Leben abspielen.

Etwas abseits davon ist der Danziger Hafen mit Schiffen, von denen einige die Danziger Flagge führen, fragmentarisch abgebildet. Darüber hinaus wird die Weichsel sichtbar, auf der ein reger Verkehr mit Binnenschiffen herrscht. Am Polnischen Haken, wo die Mottlau in die Weichsel mündet, und wo sich die Hafeneinfahrt befindet, versperrt ein Schlagbaum den Zugang zum Innenhafen. An der Weichselmündung erkennt man die gleichnamige Festung und weiter nördlich dann Schiffe auf Reede in der Danziger Bucht. Im oberen, allegorischen Teil zeigt der Künstler eine Stadtansicht von Danzig.

Der Rest der Decke ist mit Gemälden von unterschiedlicher Form und Größe ausgefüllt, deren Themen – neben biblischem und allegorischem Inhalt – auch an die Geschichte des römischen Kaiserreichs anknüpfen. Eine maritime und auf die

Stadt bezogene Aussage hat das ovale Gemälde »Vermählung Neptuns mit Ceres«. Es zeigt Ceres, Neptun und Merkur mit Handelsgütern und dem Meer. Ceres symbolisiert die Erde, also die Feldfrüchte. Sie reicht Neptun, dem Beherrscher des Meeres und Initiator des Seehandels, ihre Hand, durch dessen Wohlwollen die Agrar- und Waldprodukte (im Bild durch einen Bretterstapel dargestellt) den Bestimmungshafen erreichen. Die Aussage des Bildes wird von Merkur, dem Gott des Handels, bestimmt, der mit einer Hand Neptun einen Korb mit Feldfrüchten, mit der anderen Ceres einen solchen mit Meeresfrüchten hinreicht. Das Werk versinnbildlicht also die Verknüpfung der Stadtexistenz mit dem fruchtbaren Hinterland und dem Meer.

Roter Saal

An den Wänden der Großen Ratsstube hängen sieben Gemälde von Johann Vredeman de Vries (1595) und Benjamin Schmidt (1764), welche menschliche Tugenden und Laster darstellen. Diese sollten die Ratsherren bei ihren Entscheidungen ständig im Auge haben. Eine besondere Zierde dieses Raumes bildet der prachtvolle Kamin von 1593 – ein Werk des Willem van der Meer d. J. aus Gent.

Weißer Saal

Ebenfalls sehenswert ist der o. e. Weiße Saal, in dem traditionell Veranstaltungen und Konzerte stattfinden. Die übrigen Räume des Rathauses sind weitaus bescheidener ausgeschmückt. Jedoch befindet sich im zweiten Stock noch ein schöner Saal der Kämmerei, der früheren Stadtkasse. Nach der Renovierung im 17. Jh. blieben dort lediglich drei Gemälde des Isaak van den Block mit den Themen »Vor der Sintflut begibt sich Noah mit seiner Familie in die Arche«, »Die Sintflut und das Opfer Noahs« sowie »Bau des Turmes zu Babel« erhalten. Hinzu kommt an der Nordwand das Gemälde von Anton Möller »Der Zinsgroschen«, das sich einst in der Pfahlkammer befand, mit einer Darstellung des Langen Marktes und der Langgasse.

Kämmerei

Jeweils im Frühjahr und Sommer finden im Rathaus verschiedene Ausstellungen statt, und der Turm ist für Besucher zugänglich. Aus 50 m Höhe hat man einen herrlichen Ausblick auf die Stadt, den Hafen und die Danziger Bucht. Bei guter Sicht sind die Halbinsel Hel und der Werder zu erkennen.

Turm mit Ausblick

Das Geschäft Danziger Bowke an der Langen Brücke.

Das Altstädtische Rathaus.

(9) Ul. Długa (Langgasse) mit dem Ferberschen und dem Uphagenhaus

Haus Nr. 28

Das Ferbersche Haus gehörte einer der bekanntesten Patrizierfamilien Danzigs. 1560 im Renaissancestil erbaut, wurde es »Adam und Eva« genannt. Es hat eine reich dekorierte Fassade und gilt als Haus, in dem es spukt.

Haus Nr. 12

Das Uphagenhaus beherbergt heute eine Zweigstelle des Museums zur Geschichte Danzigs und wird gegenwärtig innen rekonstruiert. Johann Uphagen (1731–1802), Danziger Ratsherr und Schöffe, ließ es 1776 im Rokokostil erbauen. 1911 wurde es als Beispiel für eine bürgerliche Residenz der Öffentlichkeit zugänglich gemacht. Während des Krieges wurde die Ausstattung der Räume außerhalb Danzigs aufbewahrt. Aus diesem Grunde blieb ein Großteil der Inneneinrichtung erhalten und kann jetzt erneut zur Besichtigung vorbereitet werden.

(10) Kathedrale St. Marien (Marienkirche) an der ul. Piwna

Jopengasse

Sie gilt als die größte Backsteinkirche der Welt und als eines der größten Gotteshäuser Europas. Ihre

Schiffsliegeplätze der Weißen Flotte am Schwanenturm (oben).

Blick auf die Lange Brücke mit der Sternwarte und dem Krantor sowie auf den Bleihof (rechts). Zu den beiden Komplexen des Zentralen Schiffahrtsmuseums links und rechts der Moldau beim Krantor gehören ferner Spezialabteilungen in Gdynia (die *Dar Pomorza*), auf Hel (Fischereimuseum und Ausstellung im Leuchtturm) sowie in Tczew (Weichselmuseum) (unten).

Länge erreicht 105,5 m und die Breite im Querschiff 66 m. Im Innenraum finden 25 000 Menschen Platz. Das wunderbare, 28–30 m hohe Netz- und Sterngewölbe wird von 26 Pfeilern getragen. Außen zieren 10 Türmchen und der mächtige, 82 m hohe Westturm das Bauwerk. Auf letzterem befindet sich ganz oben eine Aussichtsplattform.

Geschichte

Der Bau dieses Gotteshauses begann 1343 an Stelle einer 1243 im Auftrag von Herzog Svantopolk II. errichteten hölzernen Kirche zu Ehren der Jungfrau Maria. Das Privileg hierzu erteilte Ordenshochmeister Ludolf König der Stadtgemeinde. Die Arbeiten waren 1359 beendet. 1379–1454 wurde die Kirche gründlich umgebaut und vergrößert. Es entstanden das Querhaus und der Chor. Gleichzeitig wurde der Turm erhöht. Nach 1466 begann die dritte und letzte Bauphase, die bis 1502 andauerte. Das Gotteshaus wurde von einer Basilika zur Hallenkirche umgebaut. Es erhielt nach innen gezogene Strebepfeiler und seine reichen Sterngewölbe, mit denen der Bau abgeschlossen wurde. Auch der Turm erreichte erst in dieser Bauphase seine jetzige Höhe und erfüllte eine wichtige Funktion als Ausguck. Tag und Nacht beobachteten Wächter von hier aus Hafen, Weichselmündung, Reede und Danziger Bucht. Glöckner gaben Signale zum Öffnen und Schließen der Stadttore sowie zum Beginn und zur Beendigung der Arbeiten im Hafen etc. Unten im Turm, in der heutigen Vorhalle, befand sich einst die St. Olaf-Kapelle. Dieser Heilige war der Schutzpatron der Kaufleute während ihrer Seereisen. An der Nordwand dieser Kapelle befand sich bis 1945 ein großes Gemälde mit dem Kreuzweg, der Kreuzigung und dem Schiff der Kirche. Zahlreiche Objekte sowohl der Innenausstattung als auch des Kircheninventars waren mit maritimen Elementen versehen. Ein Teil von ihnen überstand die stürmischen Jahre der Reformation und ist heute im Danziger Nationalmuseum zu sehen.

Reformation

1572 kam die Kirche unter evangelische Verwaltung, und so blieb es bis Anfang 1945. Durch die Kriegshandlungen wurden die Gewölbe stark beschädigt, und ein großer Brand zerstörte das Kircheninnere – mit Ausnahme von vier Kapellen. Ein Teil der wertvollen Ausstattung konnte zwar rechtzeitig ausgelagert werden, doch wurden 40 Prozent der zurückgebliebenen Kunstschätze völlig vernichtet.

1946 begann man mit der Enttrümmerung und Sicherung des Gotteshauses, anschließend wurde der Wiederaufbau in Angriff genommen. Die erste Etappe der notwendigen Rekonstruktion war 1955 abgeschlossen. Seitdem dauern die Erhaltungs-, Ausbesserungs- und Verschönerungsarbeiten für dieses sakrale Bauwerk an. Man trifft hier auf einige maritime Elemente. Als erstes ist die neue Kapelle der Seeleute, die an Stelle der zerstörten Aller-Heiligen-Kapelle in der Verlängerung des südlichen Seitenschiffes eingerichtet und 1980 eingeweiht wurde, zu nennen. Gestiftet wurde sie von Andrzej Bohomolec, der 1933–1934 (gemeinsam mit zwei anderen polnischen Seglern) auf der Jacht *Dal* (Weite) den Atlantik überquerte. Im südlichen Querhaus gelangt man zur St. Antonius-Kapelle, die mit einem Gitter aus dem 16. Jh. verschlossen ist. Auf einer der kleinen Platten mit biblischen Darstellungen erkennt man die Arche Noah.

Wiederaufbau

Im gegenüberliegenden Arm des Querhauses befindet sich die rekonstruierte astronomische Uhr, 1464–1470 von Hans Düringer geschaffen. Sie funktionierte ungefähr hundert Jahre lang und konnte dann nicht mehr in Gang gehalten werden. Auch sie wurde im Krieg teilweise demontiert und ausgelagert, was die Rekonstruktion und die Ergänzung defekter Teile ermöglichte (Abb. s. S. 104).

Kanzel

Im Mittelschiff ist an einem der linken Pfeiler die hölzerne Barockkanzel aus der St. Johann-Kirche zu bewundern. Sie überlebte ebenfalls den Krieg (ebenso wie der Orgelprospekt aus der gleichen Kirche, der sich auch in der Marienkirche befindet) dank der Vorsicht deutscher Konservatoren, die sie rechtzeitig in Sicherheit brachten. Nach ihrer Konservierung ersetzte sie die durch den Brand vernichtete Kanzel von St. Marien. Auf den Bildern an der Brüstung erkennt man Christus, der vom Boot aus predigt, und die Apostel Petrus und Andreas beruft. Von den Gemälden des Kanzelkorbes ist lediglich das mit der Darstellung des Baus der Arche ein Original, alle anderen sind Rekonstruktionen. Die Originale werden Isaak van den Block zugeschrieben. In der Reinholdskapelle, in der nordöstlichen Ecke des Langhauses, ist eine Kopie des »Jüngsten Gerichts« von Hans Memling aufgehängt. Das Original hatte 1473 der Danziger Seeheld Paul Beneke erbeutet und dieser Kirche gestiftet.

Ubena-Nachbau der 1962 in der Weser bei Bremen gefundenen Kogge (aus dem Jahre 1380) im Danziger Innenhafen Anfang der 90er Jahre. Koggen waren hochbordiger, breiter und robuster als die slawischen Boote und deshalb u.a. für den Danziger Fernhandel besser geeignet.

Da die Marienkirche evangelisch war, ließ der polnische König an deren Rückfront von 1678–1681 eine katholische Kapelle, die einzige Barockkirche Danzigs, errichten.

(11) Ul. Chlebnicka (Brotbänkengasse) mit dem Englischen Haus

Die Jopengasse geht nach Osten hin in die Brotbänkengasse über. Diesem Straßenzug hat man während der Modernisierung um die Jahrhundertwende einen Teil der Beschläge belassen. Die Nummer 16 in der Brotbänkengasse ist das höchste aller Danziger Bürgerhäuser, welches 1568–1570 nach Plänen von Johann Kramer erbaut wurde. Die Fassade hat Wilhelm Jacobsen aus Brüssel entworfen. Es gehörte reichen Kaufleuten, u. a. der Familie Ferber. 1722 wurde hier der Gasthof »Englisches Haus« eingerichtet. Anfang des 20. Jhs beherbergte es zahlreiche Handelskontore. Gegenwärtig dient es als Studentenheim für die Danziger Kunsthochschulen.

Haus Nr. 16

(12) Brotbänkentor

Unweit des Englischen Hauses wird die Brotbänkengasse durch das gleichnamige gotische Tor zur Mottlau hin abgeschlossen. Es ist eines der ältesten (Mitte 15. Jh.) von den erhalten gebliebenen Danziger Stadttoren. Über der Tordurchfahrt ist von der Stadtseite her ein Relief in Stein – eine heraldische Lilie – sichtbar, vielleicht ein Überbleibsel von der slawischen Herzogsburg? An der Mottlauseite befindet sich das alte Stadtwappen Danzigs, zwei Kreuze ohne Krone, über dem Torbogen.

Innenhafen

Der mittelalterliche Hafen von Danzig lag am linken Flußufer, an dem sich auch die Stadtmauer entlangzog, und die zahlreichen Tore ermöglichten den Zugang zum Fluß und zu den dortigen Bollwerken, an denen die Schiffe mit ihrer Fracht anlegten. Im ausgehenden Mittelalter, als der Warenumschlag anwuchs und die Handelsgüter demzufolge nicht mehr allein in den Patrizierhäusern zwischengelagert werden konnten, begann man auf der Insel am rechten Mottlauufer verstärkt Speicher, vor allem für die aus Polen eintreffenden Getreidemengen, zu bauen. Weitere wurden später auf der nächsten Insel, dem Bleihof, errichtet.

Speicherinsel

Gegenüber dem Brotbänkentor wird gegenwärtig das Gelände für den Wiederaufbau der alten Speicher vorbereitet. In einigen von ihnen sollen später Hotels untergebracht werden.

(13) Długie Pobrzeże (Lange Brücke) mit dem Archäologischen Museum

Ein Spaziergang auf der Langen Brücke zählt zu den schönsten Eindrücken von Danzig. Im Mittelalter lagen vor jedem Stadttor Landungsbrücken, an denen die eintreffenden Schiffe anlegen konnten. Ihre Verbindung zu einem zusammenhängenden Steg,

Anlegestege

zur heutigen Langen Brücke, erfolgte im 17. Jh. Wenn der Platz zum Anlegen knapp wurde, mußte man die Fahrzeuge – wie auf alten Stichen zu sehen – senkrecht zum Kai festmachen.

Frauentor

Die Richtung zum maritimen Wahrzeichen Danzigs, dem Krantor, einschlagend, gelangt man zu dem berühmten Haus der Naturforschenden Gesellschaft, das sich an das nächste Tor, das Frauentor (um 1484), anlehnt. Das Gebäude, durch einen großen Erker gekennzeichnet, stammt von Anton van Obbergen Ende des 16. Jhs. Von seinem Turm aus konnten die Kaufleute den Schiffsverkehr auf der Mottlau beobachten, wie es auch heute möglich ist. 1845 wurde es von der 1743 gegründeten Naturforschenden Gesellschaft übernommen, welche im Turm eine Sternwarte einrichtete.

Museum

Heute ist das Haus mit dem anschließenden Tor der Sitz des Archäologischen Museums (Eingang von der Frauengasse, ul. Mariacka, her). Die ständige Ausstellung des Museums zeigt Gegenstände, die Aufschluß über das Alltagsleben und die Kultur der Bewohner von Danzig sowie der die Stadt umgebenden Region vom Mesolithikum bis ins Mittelalter geben. Insbesondere ist die Rekonstruktion eines slawischen Kampfbootes aus dem 10.–11. Jh. interessant, dessen Wrack 1933–1934 in der Danziger Vorstadt Orunia (Ohra) entdeckt wurde. Darüber hinaus werden in den Sälen Einbäume und verschiedene Stücke, die mit dem lokalen Bootsbau, der Fischerei und dem Seehandel zusammenhängen, gezeigt.

(14) Ul. Mariacka (Frauengasse)

Reich an Beischlägen

Sie entstand zu Beginn der zweiten Hälfte des 14. Jhs und erhielt erst später ihren Renaissancecharakter. Weil sie im Westen vom Chor der Marienkirche und im Osten von der Mottlau mit dem Frauentor (1484) abgeschlossen wird, hatte sie um die Jahrhundertwende keine wesentliche Bedeutung für den Stadtverkehr. Deswegen blieben auf der gesamten Straßenlänge die reich geschmückten Beischläge erhalten, die noch heute vom Reichtum und von der Kunstliebe der Danziger Bürger künden.

Im letzten Krieg völlig zerstört, werden stellenweise an den neu erbauten Häusern immer wieder Rekonstruktionsarbeiten durchgeführt.

Allegorie der Navigation von einem Beischlag in der Frauengasse.

Heiligen-Geist-Gasse

In der Mitte der Frauengasse oder an ihrem Ende an der Marienkirche kann man rechts abbiegen, um zur Heiligen-Geist-Gasse (ul. Świętego Ducha) zu gelangen. Dort wurde nach den Kriegszerstörungen lediglich die nördliche Häuserzeile wieder aufgebaut. Die andere Seite wurde nicht rekonstruiert, um in diesem Stadtteil etwas mehr Raum zu schaffen. In dieser Straße wurden berühmte Danziger geboren, so z. B. im Haus Nr. 53 Daniel Chodowiecki (1726), Zeichner, Graphiker und Maler, u. a. Autor des interessanten Tagebuchs »Künstlerfahrt nach Danzig im Jahre 1773« sowie im Haus Nr. 45 der berühmte Philosoph Arthur Schopenhauer (1788). Sein Großvater und sein Vater waren vermögende Bürger, u. a. besaß die Familie 1793 vier große Schiffe. Im gleichen Jahr, als preußische Truppen Danzig besetzten, verließ die Familie aus Protest Danzig und zog nach Frankreich sowie später nach England und Holland. Die Mutter des Philosophen, Johanna, verbrachte ihre Jugendjahre, die sie so reizvoll in ihrem Buch »Jugendjahre und Wanderbilder« geschildert hat, im Haus mit der Nummer 81 (Schildkrötenhaus). Es steht neben dem Haus der Schiffergilde.

Schopenhauer

(15) Schiffergildenhaus in der ul. Świętego Ducha (Heiligen-Geist-Gasse)

Dieses höchste Haus in der Heiligen-Geist-Gasse trägt heute die Nr. 109 (einst Nr. 82) und entstand im Jahre 1605. Sein größtenteils erhaltenes, manieristisches Portal aus der Entstehungszeit ziert ein Relief

Haus Nr. 109

Maritime Motive über dem Portal des Kapitänshauses von 1605 in der Heiligen-Geist-Gasse.

mit der Darstellung einer Galeone. Es ist die älteste und mit ikonographischen Details am reichsten ausgestattete Dekoration dieser Art in Danzig. Der Segler weist einige Analogien zum Schiff auf dem Gemälde von Isaak van den Block im Rechtstädtischen Rathaus auf.

»Der Lachs«

Vom Schiffergildenhaus, dem Haus der Kapitäne, geht man einige Schritte, um durch die ul. Przędzalnicza (Zwirngasse) in die Breitgasse (Szeroka) zu gelangen, wo sich gleich links an der Ecke das bekannte Restaurant »Der Lachs« befindet, das mit einer schönen maritimen und typisch Danziger Ausstattung die Tradition der 1598 gegründeten Likörfabrik (u. a. Danziger Goldwasser!) und Probierstube fortsetzt.

(16) Centralne Muzeum Morskie (Zentrales Schiffahrtsmuseum) mit dem Krantor und dem angrenzenden Gebäude B

Breitgasse

Krantor 15. Jh.

Am Ende der Breitgasse erblickt man das wuchtige Bauwerk des Danziger Hafenkrans, gleichzeitig das stärkste Danziger Tor – das Krantor. Urkunden aus den Jahren 1367–1442 bezeugen die Existenz eines hölzernen Wehrbaus an dieser Stelle. Das alte Tor fiel 1442 einem Brand zum Opfer. 1444 wurde an gleicher Stelle ein Backsteinbauwerk im flämischen Stil errichtet, das gleichzeitig als Hafenkran diente. Initiator dieses Ensembles war der Danziger Bürgermeister Heinrich Vorrath, der auch den damaligen Komtur auf der Ordensburg nach anfänglichem Widerstand umzustimmen vermochte. Der Bau konnte durch Erhebung einer allgemeinen Steuer realisiert werden.

Krantor 16./17. Jh.

Das Krantor war 28 m lang und 10 m breit, die Mauer im Erdgeschoß bis zu 4 m dick. Auf der Mottlauseite überragten die Wehrtürme eine 30 m hohe Holzkonstruktion, die mit ihrem Ausleger über die Bollwerkkante hinausreichte, so daß die Ladung aus den Schiffen gehoben werden konnte. Der Kran war Stadteigentum und wurde vom Kranmeister verwaltet. Nach zeitgenössischen Quellen besaß das Krantor anfangs nur ein Tretrad. Die Anlage wurde im 16. und 17. Jh. umgebaut, so daß im Inneren des hölzernen Aufbaus auf unterschiedlicher Höhe zwei Räderpaare mit den zugehörigen Wellen Platz fanden. Die Proportionen der Räder und der Wellen ermöglichten es, daß vier Leute (in jedem Rad zwei) eine Last von 2 000 kg bewegen konnten. Der Ausleger des unteren Radpaares befand sich etwa unterhalb des oberen und reichte nicht über die Kante des Kais hinaus. Diese Anordnung deutet auf eine gekoppelte Arbeit beider Vorrichtungen hin. An der Last wurden beide Haken befestigt, und die oberen Räder hoben sie aus dem Schiff, dann übernahm das untere Paar die Last und ließ sie auf den Kai hinunter. In umgekehrter Reihenfolge wurden Waren aufs Schiff verladen. Beim Aufstellen von Masten wurde nur die obere Anlage benutzt.

Krantor 18./19. Jh.

Im 18. Jh. verlor das Krantor seine Bedeutung als Hafenkran und diente hauptsächlich zum Aufstellen von Masten auf Weichselschiffen, die sich für den Rückweg flußaufwärts bereit machten. Diese liefen nämlich mit niedergelegten Masten in Danzig ein und benutzten erst auf der Rückfahrt gegen den Strom Segel, oder sie wurden bei Windstille vom Ufer aus vorwärts gezogen (getreidelt). In der zweiten Hälfte des 19. Jhs fand der Kran eine neue Verwendung. Er diente zum Anheben der Hecks von Schiffen mit mechanischem Antrieb, damit anschließend die Ruder und die Schrauben repariert werden konnten. Dazu benutzte man eine geschmiedete Kette, die sich jetzt zusammengelegt in der Durchfahrt befindet.

Wiederaufbau

Während der Kämpfe um Danzig 1945 brannte das Krantor ab, beide Seitentürme wurden zu etwa 40% zerstört. Die Rekonstruktionsunterlagen waren 1956 fertiggestellt, und danach begann man mit dem Wiederaufbau dieses historischen Wahrzeichens. Neuer Besitzer wurde das 1960 gegründete Schiffahrtsmuseum, das 1972 den Status einer nationalen Einrichtung und im Zusammenhang damit den Namen Centralne Muzeum Morskie erhielt. Die erste Ausstellung zur »Weichselschiffahrt in den vergangenen Jahrhunderten« wurde 1962 eröffnet.

Gebäude B

Heute ist das Krantor eine der Zweigstellen des Schiffahrtsmuseums. Es beherbergt in seinen Räumen eine Ausstellung zur Geschichte der polnischen Kriegsmarine von 1918 bis zur Gegenwart. Eintrittskarten können im angrenzenden, mit B bezeichneten Gebäude gekauft werden. Dort befindet sich die größte Ausstellung Polens mit volkstümlichen Booten aus aller Welt, darunter auch mit aus Baumrinde oder aus Leder gefertigten sowie mit Einbäumen und Flößen. Das Gebäude B, das stillgelegte Kesselhaus des städtischen Heizwerks, wurde von 1975–1977 zu Museumszwecken hergerichtet. Der wesentliche Teil des Museums befindet sich jedoch auf der Insel Ołowianka (Bleihof), zu der man mit der museumseigenen Fähre *Motława* (Mottlau) gelangt, die

Die Fähre *Motława* pendelt zwischen den Komplexen des Schifffahrtsmuseums ständig hin und her. Sie verbindet die Speicher auf der Insel Bleihof und den *Sołdek* mit dem Krantor sowie dem sich rechts davon anschließenden ehemaligen Kesselhaus (beherbergt Ausstellungen und Büros).

während der Öffnungszeiten ununterbrochen zwischen den beiden Komplexen hin- und herpendelt. Sie legt direkt am Krantor an. Die Fahrscheine besitzen Abschnitte für den Eintritt in die Speichergebäude und zum Besuch des Museumsschiffes *Sołdek*. Sie können an der Museumskasse erworben werden. Man kann sie aber ebenso auf der Fähre kaufen, während sich eine zweite Kasse in den Museumsspeichern befindet.

Museumsfähre

(17) Insel Ołowianka (Bleihof) und die Speicher

(Abb. s. S. 109)

Besucher können diese Insel auch mit dem Auto erreichen, das auf einem unbewachten Parkplatz abgestellt werden kann. An der ul. Szafarnia (Schäferei) halten bevorzugt die Busse mit Reisegruppen, weil man von dort aus die markante Silhouette des Krantors vor dem Hintergrund der Rechtstadt am besten fotografieren kann.

Schäferei

Im Mittelalter war dieses, direkt gegenüber der Ordensburg gelegene Gelände das wirtschaftliche Hinterland der Kreuzritter, eben die sog. Schäferei. Der Name taucht bereits in einer Urkunde von 1404 auf. Seit 1417 hielt dort eine Fähre die Verbindung zwischen den beiden Ufern der Mottlau aufrecht. Zuvor hatte eine Brücke den Fluß überspannt, die aber wegen des zunehmenden Verkehrs auf der Mottlau mit immer größeren Schiffen abgetragen werden mußte. Einige Forscher sind jedoch der Meinung, daß diese Brücke noch im 17. Jh. bestand. Beweise dafür gibt es allerdings nicht. Nach dem Ende der Ordensherrschaft in Danzig fiel das Gelände mit der nördlich gelegenen Kämpe an den polnischen König, weshalb neben dem Elektrizitätswerk auch der Königliche Speicher steht.

Zur gleichen Zeit wurden die städtischen Holzstapelplätze hierher verlegt und der Zimmerhof eingerichtet. Ende des 16. Jhs fanden umfangreiche Meliorationsarbeiten statt, so daß die entstandenen Wasserläufe beide Inseln sichtbar voneinander trennten. 1576 wurde der Zimmergraben vertieft und verbreitert und in Kielgraben umbenannt. Das Gelände der ehemaligen Schäferei wurde nun zu einer von den beiden Armen der Mottlau umfluteten Insel. Sie erhielt den Namen »Bleihof« von den sich dort befindenden Bleilagern. Seit 1616 hatte Adam Wijbe aus Friesland großen Anteil an der Umgestaltung des

Bleihof

Bleihofs. Er ließ einen großen Kran, Entwässerungsgräben, Bagger, Windmühlen und sogar eine Seilbahn bauen, mit der Sand für Befestigungsanlagen vom Bischofsberg herangeschafft wurde. Auf der Insel entstanden auch Speicher, von denen der schönste wohl der um 1620 vom Danziger Baumeister Jan Strakowski errichtete »Königliche« war. Im nördlichen Teil des Gebiets befand sich bereits zur Ordenszeit ein »Baum«, der es erlaubte, den Verkehr auf der Mottlau vor der Ordensburg zu kontrollieren, weil er den Eingang zum Innenhafen von der Weichsel her abschloß. Weitere solcher Schlagbäume lagen am Polnischen Haken, auf der Mottlau im südlichen Stadtgebiet und im Radaunekanal. Der am Nordwestende des Bleihofs bestand wahrscheinlich bis 1809.

Schlagbäume

Kielgraben

An der Ostseite, entlang des Kielgrabens, gab es kleinere Anlegestellen und Werkstätten. Im 19. Jh. existierte am Kielgraben eine Reparaturwerft, auf der man hölzerne Schiffsrümpfe reparierte und überholte. Um Arbeiten am Unterwasserteil ausführen zu können, wurden die Fahrzeuge auf traditionelle Art gekrängt.

E-Werk

Am Ende des 19. Jhs wurde auf der Kämpe eine Abwasserpumpstation errichtet, während die Berliner Firma Siemens und Halske von 1897–1898 auf dem Bleihof in der Nähe des Königlichen Speichers das städtische Elektrizitätswerk erbaute. Nach hundertjährigem Bestehen wurde der Betrieb am 24. April 1997 stillgelegt, und nach entsprechendem Umbau soll in dieses Gebäude die Danziger Philharmonie Einzug halten. Auf diese Weise wird sich die Insel zu einem kulturellen Zentrum wandeln, denn an ihrer Südspitze besteht bereits seit 1989 der Speicherkomplex des Zentralen Schiffahrtsmuseums. An die drei großen wiederaufgebauten Speicher mit Namen »Jungfrau«, »Kupfer« und »Oliva« schließt sich bald ein Neubau, wo einst zwei kleinere Speicher standen, an. In ihn wird dann die Zentrale Rezeption des Museums einziehen.

Museumsspeicher

In den Museumsräumen der Speicher wird gegenwärtig die ständige Ausstellung über die maritime Geschichte Polens gezeigt. Unter den Schaustücken befinden sich historische Kähne und Boote aus dem 10.–12. Jh., Modelle mittelalterlicher Schiffe sowie die Originalladung eines Handelsschiffes (Holks) aus dem 15. Jh., des sog. Kupferschiffes, das kurz nach dem Auslaufen in Brand geriet und sank. Auch Bauteile dieses Schiffes sind zu sehen. In anderen Räumen befinden sich Exponate, die über die Geschichte der Weichselschiffahrt sowie über den alten Mottlauhafen Aufschluß geben. Prunkstücke der Ausstellung sind zahlreiche Funde aus weiteren Wracks, insbesondere von 20 Kanonen aus dem schwedischen Segler *Solen,* der 1627 in der Schlacht bei Oliva versenkt wurde. Die Ausstellungen in den oberen Sälen der Speicher sind der Geschichte der polnischen Seewirtschaft ab 1918 gewidmet.

Seebibliothek

In den Gebäuden auf dem Bleihof befinden sich auch die Seebibliothek mit über 40 000 Bänden und die Abteilung für Wissenschaftliche Dokumentation mit einem reichhaltigen Archiv, u. a. von schiffstechnischen Unterlagen.

Seemalerei

Nach der Fertigstellung des Neubaus soll die Ausstellungsfläche vergrößert werden, um den Besuchern neue Präsentationen, wie z. B. eine Galerie mit Werken der Seemalerei, bieten zu können.

(18) Museumsschiff Sołdek

Vor den drei Speichern liegt das Museumsschiff *Sołdek* am rekonstruierten Kai. Es war das erste Frachtschiff, das nach 1918 in Polen gebaut wurde, und zwar entstand es 1949 auf der Danziger Werft. Während seiner Dienstzeit transportierte es polnische Kohle nach Schweden, Deutschland, Dänemark und Belgien und brachte dafür Eisenerz mit zurück. Ende 1980 wurde es außer Dienst gestellt und im Frühjahr 1981 dem Zentralen Schiffahrtsmuseum übergeben. Seine wichtigsten technischen Daten sind: Länge ü.a. 87 m, Breite auf Spanten 12,3 m, Tiefgang 5,35 m, Tragfähigkeit 2 540 tdw, Geschwindigkeit 11 Knoten, Antrieb Zweifach-Expansionsdampfmaschine mit vier Zylindern, Leistung 1 300 PS (960 kW).

Ehemaliger Frachter

Ausstellungen

Nach der Übernahme erhielt das Schiff wieder seine ursprüngliche Gestalt. Darüber hinaus wurden die Laderäume 3 und 4 für Ausstellungszwecke vorgesehen. Eine Treppe führt vom Brückenhaus in die horizontal geteilten Laderäume, welche nun vier »Ausstellungssäle« bilden. In zweien von ihnen finden ständig wechselnde Ausstellungen statt, während in den beiden übrigen zum einen der Lebenslauf des Frachters *Sołdek* geschildert wird und zum anderen

Modelle von Schiffen, die nach 1949 auf der Danziger Werft gebaut wurden, zu sehen sind. Aus den Ausstellungsräumen gelangt man über den Kohlenbunker in den Kesselraum mit seinen vier Dampfkesseln. Zwischen diesen befindet sich der Durchgang zum Maschinenraum, in dem sich außer der Hauptmaschine weitere für den Schiffsbetrieb notwendige Maschinen und Anlagen befinden. In den Heckaufbauten kann man die Kajüten der Besatzung, die Kombüse und die Messe besichtigen.

Schiffsantriebe

Vom Oberdeck aus erblickt man neben dem Museum eine Aneinanderreihung von Schiffsmaschinen. Von diesen verdient der Motor des Frachters *Annam*, eines Schwesterschiffes der berühmten *Selandia* (Überseefrachter mit Motorantrieb, erbaut 1911 auf der Werft Burmeister og Wain in Kopenhagen), besondere Beachtung. Die *Annam* fuhr unter dem Namen *Romuald Traugutt* von 1955-1962 für die polnische Reederei PLO und diente danach als Hafenlager. Vor der Verschrottung des Schiffes wurde der Motor von Museumsmitarbeitern sichergestellt. Daneben steht die Dampfmaschine von einem 1893 auf der Werft G. Seebeck AG gebauten Schlepper.

Brücke

Vom Heck gelangt man über das Deck zur Brücke, wo man die Kapitänskajüte und die höhergelegene Kommandobrücke besichtigen kann. Von dort hat man einen schönen Blick auf die Mottlau und die Lange Brücke. Nach dem Besuch des Frachters *Sołdek* bietet sich ein Spaziergang auf dem Kai an der Schäferei (ul. Szafarnia) an. Bevor man jedoch das Museumsgelände verläßt, sollte man noch einen Blick auf die Markierungen an den Ecksteinen des Speichers Jungfrau werfen, wo die Wasserstände während verschiedener Überschwemmungsperioden angegeben sind.

(19) Ul. Szafarnia (Schäferei) mit Hafenkränen und dem Jachthafen

Dieser Hafenteil behielt seinen alten Namen aus der Zeit der Ordensherrschaft. Heute bildet er das Hinterland für den 1997 eröffneten Jachthafen. Den Kai zieren – noch auf den ursprünglichen Standorten – zwei Hafenkräne aus dem 19. Jh.

Haus Nr. 3

Unweit der Brücke, welche die Schäferei mit dem Bleihof verbindet, steht das Haus Nr. 3, genannt »Zum Negerlein«, ein interessantes Beispiel barocker Architektur. Dieses kleine Palais mit einem Negerkopf im Portal hatte sich der Danziger Steinmetz Christoph Styjecki (Strzycki) 1728 bauen lassen.

(20) Fischmarkt und Schwanenturm

(Abb. s. S. 90)

Zur Langen Brücke bringt den Besucher des Bleihofs die Fähre *Motława* zurück. Wir setzen unseren Rundgang auf der Langen Brücke fort und kommen am Johannistor vorbei (Ende des 14. Jhs erbaut und Anfang des 15. Jhs ausgebaut). Hinter dem Tor zeichnet sich das Massiv der Johanniskirche ab, die z. Z. wegen umfangreicher Restaurierungsarbeiten geschlossen ist. In ihr befand sich bis zum Ende des Zweiten Weltkriegs die Kapelle der Bordingsführer (s. S. 50 f.). Das nächste Tor, das Häkertor, wurde Ende des 15. Jhs fertiggestellt. Hier beginnt die Fischerbrücke (Rybackie Pobrzeże). Auf der heutigen Grünfläche standen einst dichtgedrängt alte Häuser. Auf dem Parkplatz dahinter liegt der eigentliche historische Fischmarkt (Targ Rybny), der bereits seit 1378 bezeugt ist. Er befand sich nahe der Ordensburg, da die Danziger Fischer den Ordensrittern tributpflichtig waren. Am Ufer der ostwärts abbiegenden Mottlau, wo von der Fischerbrücke bis zum Brausenden Wasser und der Einmündung der Radaune einst die Fischerboote aus Hela, Putzig und Gdingen mit frischem Fang anlegten, steht der Schwanenturm. Bereits im 13. Jh. befand sich an dieser Stelle ein hölzerner Turm, von dem aus herzogliche Wächter den Burghafen überwachten. Im 14. Jh. wurde dort der massive und in die Wehranlagen der Ordensburg einbezogene Fischerturm errichtet. Dieses runde Bauwerk wurde 1454 von den Danzigern mitsamt der verhaßten Burg abgetragen. Auf dem Fundament entstand dann der sog. Schwanenturm als Bestandteil der neuen Wehranlagen der Rechtstadt.

Johanniskirche

Fischmarkt

Schwanenturm

In der Nähe des Turms liegen auch Schiffe der Weißen Flotte, während sich die eigentliche Anlegestelle am Grünen Tor befindet. Vom Kai der Fischerbrücke aus unternimmt die *Pomeranka*, ein Seitenradschiff, Hafenrundfahrten. Auf der etwas erhöhten Rasenfläche steht der Signalmast des polnischen Segelklubs »Gdański Klub Morski«, der bereits zu Zeiten der Freien Stadt gegründet wurde. Auf beiden Seiten des Mastes hat man Anker aus dem 18. und 19. Jh. aufgestellt, die aus der Danziger Bucht geborgen wurden. Daneben befindet sich das 1990 errich-

Hafenrundfahrten

Denkmal

tete Denkmal für Kapitän Tadeusz Ziółkowski, den ersten Kommandanten des polnischen Schulschiffes *Lwów* (Heimathafen ab 1920 zunächst Danzig). T. Ziółkowski wurde 1940 im KZ Stutthof erschossen.

Wenn es die Zeit erlaubt, sollte man den Spaziergang flußabwärts ausdehnen, und zwar zur ul. Dylinki (Kl. Knüppelgasse), Sukiennicza (Rähm), Czopowa (Zapfengasse), Rycerska (Rittergasse) sowie zur ul. Grodzka (Burgstraße), die allesamt auf dem alten Burggelände liegen. Dieses Areal erstreckte sich einst noch weiter, nämlich über den großen

Radaunekanal

Platz bis zum Radaunekanal hin, einem Denkmal mittelalterlicher Wasserbautechnik. Er wurde um die Mitte des 14. Jhs vom Deutschen Orden angelegt und ist 13 km lang. Er führte das Wasser des Flusses Radunia (Radaune) nach Danzig, wo es außer der Großen und der Kleinen Mühle noch andere Werke antrieb. Auf dem freien Gelände sollen in den nächsten Jahren umfassende Ausgrabungen vorgenommen werden. Danach will man dort ein archäologisches Freilichtmuseum einrichten. Vorläufig sind Überreste von der Ordensburg in der Burgstraße zu sehen, wo sich am Haus Nr. 13 eine Säulenbasis aus Granit befindet und in die Wände des Hauses Nr. 9 Teile eines Turms der Burganlagen aus dem 14. Jh. einbezogen wurden. An der Westseite wurde die Wehrmauer nach dem Krieg freigelegt und repariert. Von der Mottlauseite aus sind noch Spuren der Zinnen sichtbar.

(21) Polnische Post mit dem Postmuseum

Wir verlassen das Burggelände, indem wir der ul. Grodzka (Burgstraße) folgen, die in den Podwale Staromiejskie (Altstädtischen Graben) übergeht. Im Mittelalter verlief hier ein Stadtgraben, der die Altstadt von der Rechtstadt trennte. Auf der linken Seite, vor

Stadtmauer

den erhaltenen Resten der Stadtmauer, die ebenfalls erst nach dem Krieg zum Vorschein kamen, befindet sich das Denkmal zu Ehren der Verteidiger des Polentums in Danzig und auf der rechten Seite das Gebäude der Nachrichtenverkehrsschulen. Wir biegen in die erste Straße rechts, die ul. Tartaczna (An der Schneidemühle, hier befand sich ein Sägewerk des Ordens) ein, und gehen seitlich an dem rechter Hand liegenden Backsteingebäude vorbei, um auf dem

Platz (einst Heveliusplatz) an seiner Vorderfront stehenzubleiben. 1921 wurde dieses stattliche Gebäude zur Bezirksdirektion der Post und der Telegraphie in der Freien Stadt Danzig ausersehen. Ab 1925 war es dann der Sitz des Polnischen Postamtes. Am 1. September 1939 wurde es von Einheiten der Danziger Polizei und der SS-Heimwehr angegriffen, weil sich in ihm – angesichts des deutschen Überfalls auf die Westerplatte – 59 Angestellte verschanzt hatten. Nach einer 14stündigen Belagerung wurde das Haus in Brand gesteckt, und die Verteidiger mußten sich ergeben. Einige Wochen darauf wurden 39 der Überlebenden von einem Kriegsgericht zum Tode verurteilt und erschossen, zwei weitere kamen später in Konzentrationslagern um, und nur fünf von ihnen überlebten den Krieg. An die Verteidiger der Polnischen Post erinnern Gedenktafeln vor dem Haupteingang, eine Marmortafel und ein 1979 errichtetes Denkmal (Nike-Figur) aus rostfreiem Stahl. Im Gebäude befinden sich ein Postamt und das Postmuseum.

Polnische Post

Verteidigung

Nike-Denkmal

(22) Brigittenkirche

Vom Platz vor der Post begeben wir uns in westliche Richtung zur ul. Zamkowa (Schloßgasse) und durchqueren nun die Altstadt. Rechts, am anderen Ende der ul. Panieńska (Jungferngasse) liegt – etwa 100 m entfernt – die Straße Osiek (Hakelwerk), deren Name an die slawische Fischersiedlung am Fuße der Ordensburg erinnert. Über einen Fußweg in Verlängerung der Schloßgasse gelangen wir zur ul. Stolarska (Tischlergasse), hinter der die Brigittenkirche sichtbar wird.

Hakelwerk

1394 wurde dort ein Brigittinenkloster gegründet, und nebenan, von einer hohen Mauer getrennt, eines für die Brigittenmönche. Die erste Kirche brannte 1587 ab und wurde Anfang des 17. Jhs wieder aufgebaut. 1673 bekam ihr Renaissanceturm eine Barockhaube. Beide Klöster wurden 1817 aufgelöst und die Gebäude einige Jahre später abgetragen. Lediglich die Trennmauer blieb stehen. Die Kirche wurde 1945 zerstört. Mit dem Wiederaufbau wurde erst in den siebziger Jahren begonnen, wobei die rekonstruierten gotischen Teile vortrefflich mit modernen Elementen in Übereinstimmung gebracht wurden. Von der ursprünglichen Ausstattung ist nur wenig erhaltengeblieben, so u. a. ein Gemälde von

Geschichte

Hermann Hahn aus dem 17. Jh. unter dem Titel »Apotheose der hl. Brigitte«.

Solidarität

Im August 1980 wurde die Kirche – dank des Engagements von Pfarrer Henryk Jankowski – zur Wiege der Solidarność-Bewegung. Seit dieser Zeit befindet sich dort auch die Solidarność-Kapelle.

Hevelius-Hotel

Nach Besichtigung der Brigittenkirche folgen wir der ul. Mniszki (Große Nonnengasse) in Richtung des Hotels Hevelius. Auf einer kleinen Brücke überqueren wir den Radaunekanal und gelangen in die ul. Łagiewniki (Schüsseldamm).

(23) Jakobskirche an der ul. Łagiewniki (Schüsseldamm)

Seemannshospital

Während der Ordensherrschaft verlief in der Nähe dieser Straße ein Damm, der die Altstadt mit der 1380 vom Deutschen Orden gegründeten Jungstadt verband. An diesem Damm entstand von 1411–1413 durch Stiftung des Komturs Heinrich von Plauen ein Hospital für Seeleute. Aus Spenden der Ordensbrüder konnte 1415 nebenan eine Kapelle errichtet werden, die dem heiligen Jakob, dem Schutzpatron der Seeleute, geweiht wurde. An die Kapelle und das Hospital schlossen sich später ein Altersheim, das Badehaus, eine Gastwirtschaft und der Friedhof für Seeleute an. 1433 wurde der erweiterte Komplex von den einfallenden Hussiten zerstört und 1437 auf diesem Gelände die Jakobskirche erbaut, die bis Mitte des 16. Jhs katholisch war. 1807, während der napoleonischen Kriege, diente die Kirche als Gefängnis für russische Kriegsgefangene. Eine Schießpulver-Explosion im benachbarten Wehrturm beschädigte das Seemannshospital und den Kirchturm. Das Hospital wurde bald wiederhergestellt und erhielt wahrscheinlich bei dieser Gelegenheit über dem Portal ein Relief – mit der dreimastigen Fregatte *St. Jacob* sowie mit einer den Danziger Korsaren Paul Beneke darstellenden Plastik. Die Reparatur des Kirchturms wurde erst 1881 abgeschlossen, als man ihm die frühbarocke Haube des gerade abgetragenen Jakobstors aufsetzte.

Jakobskirche

1945 brannte die Kirche ab. Seit dem Wiederaufbau 1949 nutzt sie der Kapuzinerorden. An der Stelle des Seemannshospitals wurde ein Kindergarten errichtet. Das Relief mit der Fregatte *St. Jacob* befindet sich im Zentralen Schiffahrtsmuseum. Die Figur Paul Benekes konnte nicht gefunden werden.

Tympanon vom Portal des im Zweiten Weltkrieg zerstörten Seemannshospitals in der Altstadt. 1415 aufgrund eines Privilegs des Ordenshochmeisters Heinrich von Plauen an der Schifferkapelle erbaut, wurden 1432 beide Bauwerke vergrößert. Das Hospital war jedoch eher ein Altersheim für betagte oder invalide Seeleute.

(24) Bibliothek der Polnischen Akademie der Wissenschaften

In der Nähe der Jakobskirche kreuzt die ul. Łagiewniki (Schüsseldamm) die ul. Wałowa (Wallgasse). An der Ecke gegenüber befindet sich der Eingang zur Danziger Bibliothek der Polnischen Akademie der Wissenschaften. Ihr neogotisches Gebäude wurde 1905 errichtet. Doch reichen die Anfänge der Sammlung bis ins ausgehende 16. Jh. zurück, dem Aufenthalt des Humanisten Marquis Giovanni Bernardino Bonifacio D'Oria in Danzig. Er war ein Anhänger der Reformation und mußte deshalb seine Heimatstadt Neapel verlassen. Während seiner Reisen durch ganz Europa nahm die Sammlung des Bücherliebhabers ständig an Umfang zu. Auf seiner abschließenden Fahrt von England nach Danzig verlor er das Augenlicht, und zu allem Unglück strandete sein Schiff bei Weichselmünde. Der Reisende wurde gerettet und mit ihm die Kisten, die mehr als tausend Bücher enthielten. Die Stadt nahm ihn gastfreundlich auf und brachte ihn im Akademischen Gymnasium unter – in den Räumen des ehemaligen Franziskanerklosters (s. Nr. 1 des Rundgangs). 1591 überließ Bonifacio D'Oria seine umfangreiche Büchersammlung gegen eine Rente der Stadt, welche sie bald darauf der Öffentlichkeit zugänglich machte, indem sie im Gymnasium eine Bibliothek einrichtete. 1819 wurde diese Danziger Stadtbibliothek ins Gebäude der Jakobskirche verlegt, und 1905 kam sie an ihren heutigen Standort. In den achtziger Jahren wurde das Gebäude erweitert und modernisiert, so daß derzeit die verschiedensten Ausstellungen gezeigt werden können. Die Bibliothek besitzt mehr als 50000 Frühdrucke,

Danziger Bibliothek

Bonifacio D'Oria

darunter auch solche mit maritimen Themen. Im Lesesaal stehen zwei Kataloge, ein alter in Deutsch und ein neuer in Polnisch, zur Verfügung.

Sammlungen Zu den speziellen Sammlungen der Bibliothek gehören Stiche, Frühdrucke, Manuskripte, alte Photographien sowie Münzen und Medaillen. Heute zählen ihre Bestände fast 800 000 inventarisierte Einheiten.

Vom Eingang der Danziger Bibliothek weiter dem Schüsseldamm und dann der ul. Doki (Werftgasse) folgend, sind es nur noch 200 m bis zum Tor der Stocznia Gdańska, der Danziger Werft, vor den Arbeiterunruhen auch Leninwerft genannt.

(Abb. s. S. 145)

(25) Denkmal der gefallenen Werftarbeiter

Platz der Solidarität Das höchste Denkmal in Danzig wurde 1981 auf dem Plac Solidarności (Platz der Solidarität) von Aktivisten der damaligen Gewerkschaft Solidarność aufgestellt, dort, wo das Militär im Dezember 1970 demonstrierende Werftarbeiter niedergeschossen hatte. Das Mahnmal ehrt jedoch nicht nur diese ermordeten Arbeiter. Es symbolisiert auch das Ringen der Polen mit dem kommunistischen Regime. Drei Anker an drei Kreuzen deuten auf drei gekreuzigte Hoffnungen zum Erlangen der Unabhängigkeit hin, welche das Volk in den Jahren 1945, 1956 und 1970 gehegt hatte.

An der Stelle, wo das Denkmal steht, fanden seit 1971 häufig von der illegalen antikommunistischen Untergrundbewegung organisierte Demonstrationen statt, die auch nach dem Verbot der Solidarność am 13.12.1981 fortgesetzt wurden.

Gestaltung Das Denkmal hat ein Ingenieur der Danziger Werft, Bogdan Pietruszka, entworfen. Es besteht aus rostfreiem Stahl und wird von mehreren Reliefs geschmückt, die an die Ereignisse in Danzig nach 1970 anknüpfen. Man findet auch ein Zitat des Dichters und Nobelpreisträgers Czesław Miłosz, das so beginnt: »Du, der Du dem einfachen Menschen Unrecht getan hast ...«.

Diese Gedenkstätte ist einer der meistbesuchten Plätze Danzigs. Häufig legen hier auch ausländische Repräsentanten Blumen und Kränze nieder.

(Abb. s. S. 148)

(26) Stocznia Gdańska (Danziger Werft) mit dem Museum

Neben dem Denkmal der gefallenen Werftarbeiter befindet sich das Tor Nr. 2 der Danziger Werft. Hier befand sich im August 1980 das Informationszentrum über den Streik und die entstehende Bewegung Solidarność.

Danziger Werft

Heute steckt die Werft in einer ernsthaften Krise, denn der Staat will das unrentable Unternehmen nicht weiter subventionieren. Dem widersetzen sich große Teile der Belegschaft und der Bevölkerung mit der Gewerkschaft Solidarność an der Spitze. Aus diesem Grunde kann es passieren, daß man das Werftgelände zeitweilig nicht betreten darf. Das Museum der Danziger Werft befindet sich in dem aus der Jahrhundertwende stammenden Gebäude. Der museale Teil umfaßt auch den berühmten Saal, in dem während des Streiks im August 1980 Gespräche mit den Vertretern der staatlichen Behörden geführt wurden. Zu den Sammlungen des Museums gehören zahlreiche Dokumente über die Tätigkeit der Werft während der Nachkriegszeit und Modelle der hier gebauten Schiffe sowie Gedenkmedaillen und Gemälde, welche das Arbeitsgeschehen auf der Werft zeigen.

Museum

Vom Platz der Solidarität kann man mit einem Bus (111, 112, 120, 138, 158, 178, 186) oder mit der Straßenbahnlinie 8 zum Parkplatz am Nationalmuseum in der ul. Rzeźnicka (Fleischergasse) zurückkehren, oder man stattet dem nahegelegenen Hauptbahnhof einen Besuch ab. Man kann aber auch den Rundgang fortsetzen, um nun den westlichen Teil des Stadtzentrums zu erkunden.

Hauptbahnhof

(27) Staatliches Archiv der Wojewodschaft

Dieses Archiv hat seinen Sitz in der ul. Wały Piastowskie 5, unweit der Danziger Bibliothek. 1902 wurde in Danzig das Königliche Staatsarchiv gegründet, dessen Sammlungen 1903 vom Rechtstädtischen Rathaus in das gerade fertiggestellte Gebäude des heutigen Standorts gebracht wurden.

Königliches Staatsarchiv

1919 wurden 405 Kisten mit Danziger Akten nach Berlin geschafft, wo dann 1945 ein Teil von ihnen verlorenging. Dennoch werden im Archiv noch viele wertvolle Dokumente aufbewahrt, so u.a. über maritime Angelegenheiten. Dort befinden sich z. B. auch Sammlungen des Elbinger Archivs, darunter einzigartige Siegelstanzen der Stadt aus dem 13.–15. Jh. mit Darstellungen von Schiffen. Eines der Stücke von unschätzbarem Wert ist eine mit 65 Siegeln der

Dokumente

preußischen Städte und Geschlechter versehene Urkunde aus dem Jahre 1440, welche die Gründung des Preußischen Bundes als Kampfbündnis gegen den Deutschen Ritterorden dokumentiert.

(28) Altstädtisches Rathaus mit dem Ostsee-Kulturzentrum

(Abb. s. S. 108)

Große Mühle

Vom Archiv aus folgen wir der ul. Rajska (Paradiesgasse) in Richtung Rechtstadt. Vor dem mittelalterlichen Gebäude der Großen Mühle, das vom Radaunekanal eingefaßt ist, biegen wir rechts ab und überqueren die Grünanlage. Dort wurde 1973 für den berühmten Astronomen Johann Hevelius, der in der Nähe seine Werkstatt und eine Sternwarte hatte, ein Denkmal (29) errichtet. Etwas weiter, in der ul. Korzenna (Pfefferstadt), befindet sich das Altstädtische Rathaus, das glücklicherweise die Kämpfe im Jahre 1945 unbeschadet überstand.

Hevelius-Denkmal

Rathaus

Seit März 1945 befand sich dort die Kommandantur der sowjetischen Truppen. An ebendieser Stelle stand bereits im 14. Jh. ein von den Ordensrittern erbautes, gotisches Rathaus. Sein gegenwärtiges Aussehen verlieh dem Gebäude Anton van Obberghen von 1587–1595 im Stil des niederländischen Manierismus. Im Erdgeschoß befanden sich einst die städtische Waage sowie eine Küche und Dienstwohnungen der Beamten. Über die schöne Diele, in der sich heute ein kleines Café befindet, gelangen wir zum ersten Stockwerk, dessen Räumlichkeiten mit Holztäfelung, Delfter Fliesen, Kaminen, Flachreliefs und Gemälden geschmückt sind. Ein ansehnliches Portal führt zum Bürgersaal. Dort fanden die Sitzungen des Rates der Altstadt und der Schöffenbank statt. Mitglied des Rates war lange Jahre auch Johann Hevelius, dessen Bildnis auf einer Gedenktafel in der Diele zu sehen ist.

Bürgersaal

Ostsee-Kulturzentrum

Seit einigen Jahren ist im Rathaus das Nadbałtyckie Centrum Kultury (Ostsee-Kulturzentrum) untergebracht, welches zahlreiche Veranstaltungen organisiert, insbesondere Konzerte, aber auch Vorlesungen über Danziger Geschichte (im Bürgersaal) sowie Ausstellungen zur bildenden Kunst (in einem der Säle im Erdgeschoß).

(30) Große Mühle

Vom Rathaus gehen wir zurück zum Radaunekanal und kommen am wiedererbauten Haus der Müllerinnung sowie an der Großen Mühle vorbei. Dieses vom Deutschen Orden 1350 errichtete Bauwerk war damals die größte technische Anlage Danzigs. Da sie von beiden Seiten vom Radaunekanal umschlossen wird, wurden erst je sechs und später sogar jeweils neun Wasserräder auf jeder Seite angebracht. Noch bis 1945, d. h. bis zu dem Brand, der sie völlig zerstörte, wurde dort Getreide gemahlen. Anfang des 19. Jhs stellte man die Mühle von Wasserkraft auf Dampfmaschinenantrieb um, und ungefähr ein Jahrhundert später wurden Elektromotoren eingebaut. Heute beherbergt das Gebäude ein Einkaufszentrum mit Geschäften. Auf der anderen Straßenseite der ul. Wielkie Młyny (An der Großen Mühle) erblickt man die 1400 erbaute Kleine Mühle, welche im Mittelalter ihre große Schwester unterstützte und als Lager diente. Rechts von der Kleinen Mühle steht die

Geschichte

Kleine Mühle

(31) Katharinenkirche mit dem Uhrenmuseum

Die Kirche wurde um die Wende vom 14. zum 15. Jh. erbaut, an der Stelle eines alten hölzernen Gotteshauses, das vermutlich Fürst Subislaus im 12. Jh. hatte errichten lassen, und das im 13. Jh. erweitert worden war. Eine Urkunde aus dem Jahre 1271 bezeichnet sie als die älteste Kirche in Danzig.

Geschichte

Die Katharinenkirche ist eine dreischiffige Hallenkirche mit zahlreichen Kapellen an den Seitenwänden. Sie war aber ursprünglich, wie beispielsweise auch die Marienkirche, eine Basilika. Nach 1525 gehörte sie der evangelischen Gemeinde. 1634 erhielt sie ihre zierliche Barockhaube nach den Plänen von Jacob van den Block. Im 76 Meter hohen Turm befand sich ein weithin bekanntes Glockenspiel, das 1738 durch ein holländisches, aus 35 Glocken verschiedener Größe bestehendes ersetzt wurde, auf dem bestimmte Weisen und Choräle gespielt werden konnten. 1905 fielen der Turm und das Glockenspiel einem Brand zum Opfer. 1908 wurde beides wiederhergestellt. Während des Zweiten Weltkrieges wurden die Glocken – bis auf eine einzige – zum Einschmelzen abgenommen. 28 von ihnen konnten gerettet werden. Sie hängen jetzt im Turm der Lübecker Marienkirche. 1945 brannte die Katharinenkirche aus, doch konnte ihre Ausstattung dank rechtzeitiger Auslagerung gerettet werden. Nach dem Krieg wurde die Kirche schrittweise wiederaufgebaut. 1989 erhielt der Turm ein elektronisch gesteuertes und aus 37 Glocken bestehendes Spiel, das die Stadt der Initiative des in Hamburg lebenden, aber gebürtigen Danzigers Hans Eggebrecht verdankt. Im Turm befindet sich ferner das Uhrenmuseum als jüngstes Museum Danzigs – eine Zweigstelle des Museums für Danziger Geschichte.

Ausgrabungen

In der Katharinenkirche und auf dem angrenzenden Gelände wurden archäologische Forschungen vorgenommen. Dabei wurden ein Friedhof mit Bestattungen aus dem 10./11. Jh. entdeckt sowie zahlreiche Gegenstände aus dem 10. bis 13. Jh. (u. a. vom Fischfang) geborgen. Vermutlich stand die Kirche in Verbindung mit einem Kultzentrum der slawischen Bevölkerung, weshalb hier auch 1266 der Leichnam des Pomerellen-Herzogs Svantopolk aufgebahrt wurde, bevor er nach Oliva kam.

Ausstattung

Im Innenraum der Kirche, an einem Pfeiler auf der linken Chorseite, befindet sich das Epitaph von Johann Hevelius, darunter bedeckt eine große Platte das Grab des berühmten Astronomen. Daneben erblickt man ein großes Epitaph der Familie Henning und in dessen oberem Teil die Kopie eines Gemäldes vom Anfang des 17. Jhs mit Schiffen in See, und zwar mit Galeonen in der Nähe einer fiktiven Stadt sowie Szenen einer Hinrichtung. Auf der Heckgalerie des im Vordergrund befindlichen Schiffes kämpfen zwei Männer miteinander, von denen dann der eine ins Wasser fällt. An Land ist anschließend die öffentliche Hinrichtung (wahrscheinlich des Mörders von der Schiffsgalerie) dargestellt. Daher wird das Werk »Die Hinrichtung des Verurteilten« genannt. Das Original befindet sich im Danziger Nationalmuseum, wo man das Gemälde genauer betrachten kann.

An der teilweise erhaltenen Kanzel von 1638 zeigt ein Relief, wie Christus vom Boot aus predigt. Eine andere, aus dem Jahre 1765 stammende Szene dieser Art – das Besänftigen eines Sturms – ist an der nördlichen Empore zu erkennen. Ferner sind in dieser Kirche das gotische Triptychon der Metzgerzunft von 1515, das Taufbecken von 1585 sowie das Gemälde von Anton Möller aus dem 17. Jh. sehenswert.

Von der Katharinenkirche gelangen wir durch die ul. Podmłynska (Kleine Mühlengasse) zum achteckigen

Turm Jacek

Turm Jacek vom Ende des 14. Jhs, der an der Kreuzung der Gasse mit dem Altstädtischen Graben steht. Mit seinen 36 Metern ist er der höchste erhaltene Wehrturm der Rechtstadt. Er hat acht Stockwerke und Verließe. Bis zum 19. Jh. wurde die Bastei auch als Warenlager, Beobachtungsturm und Gefängnis genutzt. Seine Mauer ist am Fuß 2,5 m dick. Einst wurde er »Kiek in de Köck« genannt, weil der Turmwächter von dieser und der anschließenden kleineren Bastei in die darunter liegende Küche des Dominikanerklosters hineinschauen konnte. Das Kloster brannte 1813 ab. An seiner Stelle wurde 1896 eine Markthalle errichtet. Dahinter erhebt sich die Nikolaikirche mit dem Eingang von der ul. Świętojańska (Johannisgasse).

(32) Nikolaikirche

Geschichte

Das Gebäude entstand in der zweiten Hälfte des 14. Jhs und gehört mit der Katharinenkirche zu den ältesten Sakralbauten der Stadt. Die Anfänge der Nikolaikirche reichen bis ins Jahr 1227 zurück, als die aus Krakau zugewanderten Dominikaner vom Herzog Svantopolk das Gebäude mit einer dem Hl. Nikolaus geweihten Kapelle erhielten. Kurz danach entstand dort ein umfangreicher Kirche-Kloster-Komplex. 1260 verlieh Papst Alexander IV. den Mönchen das Recht, am Tage des heiligen Dominikus Ablaß zu erteilen. Dies war der Ursprung der bekannten Dominiksmärkte, deren Tradition bis heute weiterlebt. Diese Markttage finden in den ersten beiden Augustwochen statt.

Ausstattung

Die reiche Ausstattung der Kirche, die 1945 kaum beschädigt wurde, stammt aus dem 17. und 18. Jh. Hervorzuheben sind das Gemälde »Die Krönung des heiligen Nikolaus« von 1647, ein filigranes Taufgitter von 1732 und die alte Orgel.

Nach der Besichtigung der Nikolaikirche kehren wir zur ul. Pańska (Junkergasse) zurück, überqueren die Breitgasse und gelangen durch die Węglarska (Kohlengasse) sowie die Kołodziejska (Scharmachergasse) bis zur ul. Piwna (Jopengasse) vor die Ostfassade des Großen Zeughauses.

(33) Großes Zeughaus

Baumeister

Dieses zweistöckige Gebäude des Stadtarsenals wurde von Anton van Obberghen entworfen und 1602–1609 vom Stadtbaumeister Jan Strakowski ausgeführt. Der Fassadenschmuck stammt von den Bildhauern Abraham van den Block und Willem van der Meer aus Gent. Vor der östlichen Fassade (zur Jopengasse hin) steht ein brunnenähnliches Gebilde, das zum Heraufziehen von Kanonenkugeln aus den Kellerräumen diente. In Höhe des ersten Stockwerks ist in die Fassade eine steinerne Skulptur der Pallas Athene, Göttin der Weisheit und der Kriegführung, Schützerin des Handwerks und der Künste sowie Erfinderin des Schiffbaus, eingefügt. Zahlreiche Dekorationselemente nehmen auf Wehr und Waffen der Epoche Bezug. Wir durchqueren die Einkaufspassage im Erdgeschoß, wo einst das schwere Kriegsgerät (z. B. Kanonen) aufbewahrt wurde. Vom Platz (Kohlenmarkt) auf der anderen Seite des Gebäudes kann man die schöne Westfassade bewundern. Den Hauptteil des Zeughauses hat die Akademie für Bildende Künste mit Beschlag belegt. Auf der rechten Seite verbindet ein überdeckter Gang das Zeughaus mit dem achteckigen Strohturm aus dem 15. Jh., der die dicksten Mauern (bis zu 4 m) von allen Wehrtürmen Danzigs aufweist, denn in seinen unterirdischen Gewölben wurde das Schießpulver gelagert.

Schmuck

Strohturm

(34) Georgshalle

Vom Strohturm zieht sich in südlicher Richtung ein Fragment der mittelalterlichen Stadtmauer bis zu dem 1487–1494 von Johann Glotau errichteten Hof für die St. Georgs-Bruderschaft, einen Bund vornehmer Patrizier, hin. Dieses Gebäude mit quadratischem Grundriß besitzt zwei Etagen und ein Pyramidendach, auf dessen Spitze ein Dachreiter mit Laterne (aus dem 17. Jh.) eine Figur des heiligen Georgs im Kampf mit dem Drachen trägt. Das Original dieser Figur mit polnischem Adler und Danziger Wappen am Helm aus dem Jahre 1566 befindet sich im Danziger Nationalmuseum. Die Georgshalle als Fecht-, Theater- und Empfangssaal wurde im Volksmund das Schützenhaus genannt, weil sich im angrenzenden Zwinger der Schießstand der St. Georgs-Bruderschaft befand, wo regelmäßig Wettkämpfe im Armbrustschießen stattfanden. Die Bruderschaft bestand bis 1798, danach zog die Stadtwache dort ein, und im oberen Stockwerk wirkte der Maler J. K. Schultz als Direktor der Kunstschule. Vom Süden lehnt sich an die Georgshalle das Goldene Tor an, hinter dem sich die Langgasse erstreckt.

Bruderschaft St. Georg

Schützenhaus

Kunstschule

(35) Goldenes Tor

Von Abraham van den Block im Stil antiker Triumphbögen entworfen, wurde es 1612–1614 von Jan Strakowski an der Stelle des gotischen Langgasser Tores aus dem 14. Jh. erbaut. Einst war die steinerne Dekoration reich vergoldet, woher der heutige Name stammt. Die Attika krönen acht allegorische Figuren, und zwar die Freiheit, der Reichtum, der Ruhm, der Frieden sowie von der Langgasse aus die Weisheit, die Frömmigkeit, die Gerechtigkeit und die Eintracht. Die Plastiken sind Nachbildungen der 1648 geschaffenen Werke des Danziger Bildhauers Peter Ringering.

Schmuck

(36) Stockturm und Peinkammer

(Abb. s. S. 104)

Zu dem Ensemble von Befestigungen des Langgasser Tores gehören der Stockturm, die Peinkammer und das Hohe Tor. Der untere, dreigeschossige Teil des Stockturms wurde Ende des 14. Jhs als Vorwerk des Langgasser Tores erbaut, dem Anfang des 15. Jhs noch ein befestigtes Tor vorgesetzt wurde. Beide Teile wurden durch hohe Wehrmauern miteinander verbunden. Als Mitte des 16. Jhs das Hohe Tor hinzukam, verlor das nun hinter den äußeren Befestigungen befindliche Ensemble seine ursprüngliche Funktion und wurde zu anderen Zwecken genutzt. Der Torturm wurde von 1506–1509 um weitere vier Etagen aufgestockt und mit einem Walmdach versehen, das 1586–1587 durch ein neues mit einem Dachreiter ersetzt wurde. Das Innere wurde zum Gefängnis umgebaut. Auch das davorliegende Tor wurde 1593 unter Leitung des Stadtbaumeisters Anton van Obberghen aufgestockt und erhielt ein Dach mit prächtig dekorierten Giebeln. Im neuen Gebäude wurden Festgenommene verhört und Gerichtsverhandlungen abgehalten. Da das Foltern damals ein untrennbarer Bestandteil des Verhörs war, erhielt das Gebäude den Namen Peinkammer. Der Komplex diente bis 1861 als Gerichts- und Gefängnisgebäude. 1886 wurden in die Peinkammer Dekorationselemente des abgetragenen Jakobstores der Altstadt eingebaut.

Hohes Tor

Stockturm

Peinkammer

(37) Hohes Tor

(Abb. s. S. 104)

Geschichte

Seit seiner Errichtung im Zuge der neuzeitlichen Befestigungsanlagen, die 1571–1576 nach den Plänen des Dresdner Baumeisters Johann Kramer, die ganze

Stadt mit Wällen und Gräben umgaben, war es der Hauptzugang zur Stadt von der Danziger Höhe (deshalb der Name) und der Anfang des Straßenzuges, welcher als Königlicher Weg bezeichnet wurde. Denn dort wurden die polnischen Könige zuerst in Danzig begrüßt, von wo aus sie dann in die Stadt einzogen. Als erster wurde an dieser Stelle 1594 Sigismund III. Wasa empfangen.

Königsweg

Vor dem Tor befand sich eine hölzerne Zugbrücke über einem breiten und tiefen Wassergraben. Die reich verzierte Westfassade ist ein Werk des Meisters Willem van den Block aus Mechelen in Flandern. In der Mitte des Wappenfrieses prangt das Wappen Polens, gehalten von zwei Engeln. Auf der linken Seite halten zwei Einhörner das Wappen des Königlichen Preußen und auf der rechten zwei Löwen das Danziger Wappen. Darunter sind drei lateinische Sentenzen eingemeißelt, von denen die mittlere lautet:

Schmuck

JUSTITIA ET PIETAS DUO SUNT REGNORUM OMNIUM FUNDAMENTA
(Gerechtigkeit und Frömmigkeit
sind zwei Fundamente aller Königreiche)

Früher wie heute nehmen die Danziger am liebsten nur die zweite Zeile zur Kenntnis. Auf der Rückfront wurde 1884 das Wappen der Hohenzollern angebracht.

Im Hohen Tor befindet sich heute eine Touristeninformation.

(Abb. s. S. 104)

(38) Narodowy Bank Polski (Polnische Nationalbank)

Neben dem Hohen Tor befindet sich eine Unterführung, durch die man zur anderen Straßenseite gelangen kann, um das Stadtpanorama von der Westseite her in Augenschein zu nehmen. Südlich vom Hohen Tor zieht sich eine Reihe von Bankgebäuden aus dem Anfang des 20. Jhs hin. An dem ersten ist eine maritime Dekoration auf dem Hauptgesims zu sehen. Auf dem Hintergrund eines reliefartigen Stadtpanoramas hebt sich die vergoldete Darstellung eines Kriegsschiffes ab, dessen Vorbild vermutlich das Modell des Seglers *Mars* aus dem Artushof war.

Maritimer Schmuck

Nach der Besichtigung dieser letzten maritimen Sehenswürdigkeit auf unserer Route gelangen wir durch die Unterführung zur Straßenbahnhaltestelle der Linien 8, 9 oder 13, um zum Parkplatz in der ul. Rzeźnicka (Fleischergasse) zurückzukehren.

Weitere Danziger Sehenswürdigkeiten

Steinschleuse

Die **Steinschleuse** als Teil der erhalten gebliebenen Bastionen und Wassergräben befindet sich im Süden der Stadt, und zwar in der ul. Grodza Kamienna (An der Steinschleuse). Man kann mit dem Auto bis an die Anlage heranfahren. Willem J. Benning und Adrian Olbrants ließen sie zum Regeln des Wasserstandes in der Mottlau sowie in den Gräben der Befestigungsanlagen erbauen. Bei einer Belagerung der Stadt wurde sie geschlossen, so daß das angrenzende Gelände überschwemmt wurde. Die Schleuse besteht aus einem Wehr sowie aus zwei je 100 m langen Steindämmen, welche das Wasser der Mottlau zur Schleuse führen.

Speicherinsel

Auf der **Speicherinsel** existierte bereits im 14. Jh. ein großes Warenlager. Im späten Mittelalter wurde es zum Schutz vor Bränden und vor Räubern mit einem Graben, dem sog. Hundewall (wo Wächter mit ihren Hunden patroullierten), umgeben. In der Blütezeit der Stadt im 16./17. Jh. befanden sich auf dieser Insel mehrere hundert Fachwerk-Backsteinbauten als Kornspeicher und Warenlager. Jedes Gebäude trug ein Emblem und hatte seinen eigenen Namen, wie »Milchmagd«, »Roter Löwe«, »Elefant« usw. Das größte Bauwerk nannte man »Kamel«. Über die Hälfte dieser Speicher waren nach dem Zweiten Weltkrieg zerstört. Der Wiederaufbau hat begonnen. Das Gelände sollte man jedoch nur in Gruppen begehen. Ein bewachter Parkplatz der Speicherinsel befindet sich am Novotel.

Milchkannentor

In der Nähe der Speicherinsel ist das 1517–1519 erbaute, gotische **Milchkannentor** (wegen seiner Form die Große Milchkanne genannt) zu bestaunen, ein mittelalterlicher Wehrturm, der mit seinen 4 m dicken Mauern auch als Waffenlager diente.

Stadthof

Ferner ist noch der 1616–1619 erbaute **Stadthof** (ul. Bogusławskiego), ein von Stadtmauer und Türmen eingefaßter Bereich mit städtischen Wirtschaftsgebäuden, der Ställe, Wagenschuppen, Arsenal, Reitschule, Feuerwehr und die Münze umfaßte, zu erwähnen. 1885-1887 entstand nebenan eine Synagoge, die 1939 abbrannte. Der Stadthof wurde nach dem Zweiten Weltkrieg wieder aufgebaut.

Weitere Kirchen

Eine so reiche Stadt wie Danzig verfügte naturgemäß über eine Vielzahl von Kirchen, von denen noch die **Josephs**- und die **Elisabethkirche** (an der ul. Elżbietańska) zu erwähnen sind.

Danziger Hafen

Rundfahrt

Um den Lebensnerv Danzigs kennenzulernen, unternimmt man am besten eine Hafenrundfahrt bzw. einen Schiffsausflug zur Westerplatte, oder man sticht nach Sopot, Gdynia oder Hel in See. Die Schiffe der Weißen Flotte legen am Grünen Tor nach festem Fahrplan ab. Fahrscheine und Auskünfte erhält man direkt an der Anlegestelle. Erläuterungen zum ersten Teil der Fahrstrecke, dem alten Mottlauhafen, sind beim Stadtrundgang (unter Nr. 4, 12, 13, 16, 17, 18 und 20) zu finden.

Mit unserer Beschreibung beginnen wir an der linker Hand auftauchenden kleinen Brücke, welche den Radaunekanal bei seiner Einmündung in die Mottlau überspannt. Er leitete das Wasser der Radaune (poln. Radunia) von Pruszcz Gdański (einst Praust) auf zahlreiche Schaufelräder in Danzig und lieferte zugleich sauberes Trinkwasser für die Stadtbewohner.

Brabank

Das sich hinter der Brücke anschließende Gelände war einst als Brabank, ein Gebiet von Werften und Reparaturwerkstätten, bekannt. Nach 1804 entstand an dieser Stelle die berühmte Klawitter-Werft. Heute stellt dort eine Firma, die sog. ELMOR, elektrische Schiffsanlagen her. Rechter Hand mündet nun der Kielgraben in die Mottlau und gleich danach beginnt das Gelände des Polnischen Hakens, auf dem noch Anfang des 20. Jhs die Flößer Rast machten und biwakierten. Heute befindet sich dort eine Anlegestelle für Fischkutter. Hinter dem Polnischen Haken öffnet sich eine breite Wasserfläche – es ist die Weichsel. Rechts, am Ufer der Toten Weichsel, erblickt man den Kai der Firma PETROBALTIC, die sich der Erdöl- und Erdgasgewinnung aus dem Meeresboden verschrieben hat. Ab und zu sind deren orangefarbene Schiffe auszumachen. Gegenüber, vor der von weitem sichtbaren Brücke, liegen Fahrzeuge des Unternehmens für Bagger- und Unterwasserarbeiten (PRCiP) mit grüngestrichenen Bordwänden und gelben Aufbauten. Einst wurde an diesem Ufer und auf dem dahinter liegenden Gelände das aus dem polnischen Hinterland eintreffende Getreide nachbehandelt, d.h. getrocknet und gesäubert. Diese Tätigkeit hieß »przerabka«, und so heißen Gelände und Ufer heute noch Przeróbka.

Hierbei läßt sich auch ein Bezug zur »Blechtrommel« von Günter Grass herstellen. Denn zwischen dem Holzhafen (rechts) und der Schichauwerft (links) war der Flößer Joseph Koljaiczek, der Großvater des kleinen Oskar, zu Hause. Unweit davon wohnte er mit seiner kaschubischen Frau, der Anna Bronski, auf dem Troyl. Dies war der deutsche Name für den Stadtteil Przeróbka. ***Troyl***

Unser Schiff überquert die Weichsel und gelangt in den Kanał Kaszubski, den Kaschubischen Kanal, der 1901–1903 durch Ausbaggerung der Schutenlacke entstand, um den Schiffahrtsweg von Neufahrwasser zum alten Mottlauhafen zu verkürzen. Auf der linken Seite sieht man die Kais, Hellinge und Kräne der Danziger Werft, der Stocznia Gdańska, wo sich einst die Kaiserwerft befand. Gegenüber – auf der Insel Ostrow (Holm) – steht die zur Werft gehörende Halle.

Das rechte Ufer des Kaschubischen Kanals bildet der Nabrzeże Bytomskie, der Bytom-Kai, welcher ***Kais*** am Anleger der Eisenbahnfähre, die Güterwagen zum Holm befördert, endet. Seine Verlängerung stellt der Nabrzeże Przemysłowe (Industrie-Kai) dar. Das Ufer auf der linken Seite nimmt die Danziger Reparaturwerft ein. Ihre Schwimmdocks befinden sich im Nordteil der Insel, wo während des Ersten Weltkrieges U-Boote ausgerüstet wurden. Dahinter liegen die Tanker eines Unternehmens für Erdölvertrieb (Centrala Produktównaftowych CPN). Hier treffen die Tote Weichsel und der Kaschubische Kanal wieder aufeinander. Linker Hand ragen die Schlote des Danziger Heizkraftwerkes in den Himmel. Nahe am Ufer steht das Gebäude des ehemaligen Hafenpostamtes von 1926. Auf der rechten Seite erhebt sich nun ein großer Industriekomplex, die Phosphordüngerfabrik, an einem langen Betonkai, dem Nabrzeże Chemików. Einst befand sich hier die Napoleonschanze. Nachdem man sie abgetragen hatte, wurden 1912 an dieser Stelle eine Salzsäure- und eine Papierfabrik gebaut. In den fünfziger Jahren wurde dieser Hafenteil verbreitert und vertieft, so daß seitdem Schiffe mit einem Tiefgang von 10 m und 35 000 Tonnen Tragfähigkeit anlegen können.

Speicher

Auf der linken Seite kommen nun ein Stückgutkai und ein 1937/38 errichteter Kornspeicher in Sicht, während sich rechter Hand der zwischen den beiden Weltkriegen entstandene Holzhafen erstreckt. Ein Stück weiter gelangt man in das 1927/28 gebaute und erst jüngst – nach der Inbetriebnahme des Nordhafens – modernisierte Kohle-Erz-Becken. Auf der linken Seite wird Kohle und auf der rechten Erz verladen.

Autofähre

Auf dem linken Ufer der Toten Weichsel tauchen zwei große Speicher (mit insgesamt 28 000 Tonnen Kapazität) auf, die bereits vor 1914 für den damals aus der Ukraine exportierten Zucker entstanden sind. Gegenwärtig werden sie als Kornspeicher genutzt. Hinter diesen verkehrt die Autofähre, welche Nowy Port (Neufahrwasser) mit der Siedlung Wisłoujście (Weichselmünde) und der Westerplatte verbindet. Neben dem Fähranleger auf dem rechten Ufer beginnt die Straße die zur Festung Weichselmünde, einem einzigartigen Ensemble alter Hafenbefestigungen, führt. Deren ältester Teil, der Leuchtturm, entstand 1480. Die Bastei bzw. der Kranz rings um den Turm wurde 1562–1563 errichtet. In den darauffolgenden Jahren entstanden das Fort carré und der Komplex von Schanzen um den Festungsgraben. Im Festungsgraben liegen die Jachten des Polski Klub Morski.

Schwefelkai

1970/71 wurde neben der Festung ein Spezialkai für die Verladung von gebrochenem Schwefel gebaut, wobei große Mengen aggressiven Staubes freigesetzt wurden. Diese Situation hat sich jedoch wesentlich durch das Umstellen auf eine neue Verladetechnologie gebessert, und zwar wird der Schwefel nun in speziellen Anlagen am Kai erwärmt und in flüssigem Zustand auf die Schiffe gepumpt. Trotzdem ist damit das Problem der Umweltverschmutzung noch nicht hundertprozentig gelöst. Nachdem das Schiff den »Schwefelkai« passiert hat, kommt es zur Fünf-Pfiffe-Kurve – dem gefährlichsten Abschnitt der Toten Weichsel im Bereich von Neufahrwasser. Der Name beruht auf der alten Gewohnheit, daß jedes Schiff, welches sich dieser Kurve näherte, fünfmal einen Pfeifton abgeben mußte. Dennoch kam es hier verschiedentlich zu Kollisionen. Die größte ereignete sich 1928 bei hellichtem Tage, als der den Hafen verlassende lettische Dampfer *Biruta* den britischen

Fünf-Pfiffe-Kurve

Fünf-Pfiffe-Kurve

Frachter *Kolpino* an dessen Backbordseite rammte und ihn auf die *Norderney* schob, die ebenfalls beschädigt wurde. Während ihrer Bemühungen, den Zusammenstoß mit dem *Kolpino* zu vermeiden, drängte die *Biruta* den Schlepper *Johannes Westphal* seitlich ab, so daß dieser wiederum mit dem Schlepper *Hertha* kollidierte, der leckgeschlagen wurde und schließlich am Kai sank.

1958 wurde das Fahrwasser in dieser gefährlichen Kurve verbreitert, und neue Kais wurden geschaffen. Heute können hier ungehindert Schiffe mit einer Länge bis zu 220 m verkehren.

Auf der rechten Seite hinter der Kurve befinden sich neben einem Stützpunkt des hydrographischen Dienstes ein Holzverladekai sowie eine Anlegestelle der Weißen Flotte, und zwar für Passagiere, welche die Westerplatte besichtigen wollen.

Hafenkanal

Der letzte Abschnitt der Toten Weichsel wird Hafenkanal genannt. Er wurde nach 1945 auf bis zu 150 m verbreitert, vertieft sowie mit Betonkais für die Stückgutverladung versehen. Etwas weiter rechts wurde 1966 auf einem aufgeschütteten Hügel ein Granit-Ehrenmal für die Verteidiger der polnischen Küste errichtet. Auf dem linken Ufer, dem nach Kapitän Tadeusz Ziółkowski benannten Kai, befindet sich ein Fährterminal mit einer Verbindung nach Oxelösund in Schweden.

Tadeusz Ziółkowski war im Freistaat Chef der Danziger Hafenlotsen. Im August 1939 weigerte er sich, das Schlachtschiff *Schleswig-Holstein* in den Hafen zu lotsen und wurde deshalb 1940 von den Nazis ermordet. Sein Denkmal steht an der Fischerbrücke (s. Nr. 20 des Stadtrundgangs).

Leuchtturm/ Hafenverwaltung

Hinter dem Fährterminal erblickt man auf einer kleine Anhöhe den 1894 erbauten Leuchtturm und das Gebäude der Hafenverwaltung, das aber erst nach 1945 entstand. Davor machen die Inspektionsfahrzeuge und die Lotsenkutter fest. Etwas weiter entfernt sind auf beiden Seiten die Eingänge in zwei Hafenbecken auszumachen. Links zweigt das 1873 entstandene Władysław-IV-Becken ab. Während der Ausschachtungsarbeiten wurden 1873 Überreste eines mittelalterlichen Schiffes entdeckt, das dort vor Jahrhunderten gesunken war. Das Wrack wurde zerlegt und ist unter Archäologen als Brösen-Schiffsfund bekannt. Von 1896 bis 1945 gehörte dieses Becken

Westerplatte-Becken

zum Freihafen. Das kleine Bassin auf der rechten Seite wird das Westerplatte-Becken genannt. Es wurde 1925 für das polnische Munitionsdepot auf der Halbinsel fertiggestellt. Gegenwärtig wird es von der Seeabteilung des polnischen Grenzschutzes genutzt.

Hinter diesen beiden Becken erreicht unser Schiff die Einfahrt des Hafens. Sie wurde nach 1945 vertieft und von 80 auf 135 m verbreitert. Auf der rechten Seite liegt die Ostmole mit einem Turm von 1843, der an einen Leuchtturm erinnert. Er trägt ein das Fahrwasser begrenzendes Feuer. Ein solches befindet sich auch auf der viel kürzeren westlichen Mole.

Nordhafen

Hinter der Ostmole und dem Strand der Westerplatte erblickt man die Piers und den Turm der Hafenverwaltung vom Nordhafen, wo die größten, in der Ostsee verkehrenden Schiffe abgefertigt werden können. 1970 wurde über den Bau entschieden. Als erstes entstand der Bereich für den Massengutumschlag. Seit 1973 trägt der Hafen seinen heutigen Namen. Am 9. Juli 1974 machte am Kohlepier das erste Schiff, die *Uniwersytet Gdański*, fest. 1975 kam der Ölhafen hinzu, der über Rohrleitungen mit der gleichzeitig erbauten Raffinerie verbunden ist. Der den Hafen überragende Turm (seit 1984 in Betrieb) erfüllt u. a. die Funktion eines Leuchtfeuers, dessen Licht aus einer Entfernung von 25 Seemeilen zu sehen ist.

(Abb. s. S. 156)

Leuchtturm in Neufahrwasser

Anfahrt: Straßenbahnlinie 10 ab Hauptbahnhof oder S-Bahn nach Gdańsk – Brzeźno bzw. mit dem Auto bis zum Parkplatz am Fährterminal

Fährterminal

Er steht in der Nähe des Fährterminals und des Gebäudes der Hafenverwaltung.

1894 erbaut, ersetzte er den alten Turm aus dem Jahre 1785, der 1888 versuchsweise elektrisches Licht erhalten hatte. Die Höhe des neuen Turms betrug mit Laterne 27,3 m, die Höhe des Feuers über dem Wasserspiegel 30,3 m, was eine Tragweite von 13 Seemeilen (etwa 24 km) ergab. Auf der Mastspitze über der Laterne befand sich – außer der Windfahne und dem Windmesser – auch ein sog. Zeitball, ein

Zeitball

schwarz gestrichenes, kugelförmiges Gebilde aus Korbweidengeflecht, das hochgezogen und dann pünktlich um zwölf Uhr mittags fallengelassen wurde. So konnten Chronometer auf den Schiffen danach gestellt werden. Bis er 1984 durch den Turm im Nordhafen ersetzt wurde, strahlte er rotes Licht in einem Sektor von 117^{0} bis 136^{0}, weißes von 136^{0} bis 275^{0} und wiederum rotes von 275^{0} bis 297^{0} aus. Der Blink dauerte 2 Sekunden, dann folgte eine Pause von 3 Sekunden.

Der Turm kann vorläufig nicht besichtigt werden.

Festung Weichselmünde

(Abb. s. S. 148)

Anfahrt: Bus 106 ab Hauptbahnhof oder mit dem Auto

UNESCO-Liste

Seit einigen Jahren wird dieses Baudenkmal saniert. Als wertvollstes Beispiel der maritimen Wehrarchitektur in Polen steht die Festung auch im Denkmalregister der UNESCO. Die Anfänge des Bauwerks reichen bis ins Jahr 1482 zurück, als hier ein Leuchtturm mit Ausguck von mindestens 12 m Höhe errichtet wurde. Gewisse Indizien weisen sogar auf einen Turm bis zu 20 m Höhe hin. Erbaut wurde dieses Seezeichen an einer Stelle, wo sich seit der Ordenszeit eine den Forschern bislang unbekannte Befestigung befunden haben muß. Die Besatzung dieses Wachtturmes war verpflichtet, nachts ein Signalfeuer zu unterhalten. Wahrscheinlich bestand dort eine ähnliche Einrichtung bereits während der Herrschaft der pomerellischen Herzöge, jedoch ist sie erst seit 1462 dokumentiert. 1562 baute man um den Turm einen sog. Kranz, in dessen Erdgeschoß sich ein Arsenal befand, während im ersten Stock 12 und im zweiten 15 Kanonen aufgestellt waren. 1573 wurde die Festung durch eine äußere Palisade und vier Blockhäuser verstärkt. 1584 wurde der Turm um 11 m erhöht und mit einer Renaissancehaube bedeckt. Um die Wende vom 16. zum 17. Jh. wurde das Fort carré gebaut, das aus vier durch Erdwälle miteinander verbundenen Backsteinbastionen besteht – ein Werk des Stadtbaumeisters Anton van Obberghen. Ins Innere der Feste führt ein Tor, umrahmt von einem Granitportal. Dieser Teil der Anlage hat die

Baumeister

Schanzen

Zeiten überdauert. In den 20er Jahren des 17. Jhs entstand die Ostschanze mit fünf Bastionen, und auf dem linken Weichselufer folgte die Westschanze. Die Laterne auf dem Turm war bis zum 18. Jh., d.h. bis zur Fertigstellung des Leuchtturms in Neufahrwasser, in Betrieb.

Gegenwärtig ist die Festung Weichselmünde eine Zweigstelle des Museums für Danziger Geschichte. Trotz der dort vorgenommenen Rekonstruktionsarbeiten kann sie vom 15. Juni bis zum 15. September täglich von 10.00 bis 15.00 Uhr besichtigt werden.

(Abb. s. S. 149)

Westerplatte und Nordhafen

Anfahrt: Buslinien 106 und 158 oder mit dem Fahrgastschiff vom Grünen Tor aus bzw. mit dem Auto (großer Parkplatz vorhanden)

Hafenkanal

Die Konturen der heutigen Halbinsel Westerplatte traten bereits im 17. Jh. hervor, als sich aus dem Wasser allmählich eine Sandbank erhob. Sie wurde West-Platte genannt. Zwischen dieser Untiefe und späteren Insel sowie dem Festland blieb ein von Schiffen befahrbarer Kanal erhalten – der heutige Hafenkanal, ein Teil der alten Westtiefe und eines der Fahrwasser zum Danziger Hafen. Man war bemüht, die nördliche Einfahrt in der Nähe der Festung Weichselmünde als ursprüngliches Fahrwasser zu erhalten, doch bereits im 18. Jh. hatten sich dort große Mengen Sand abgelagert. Die Lage verschlimmerte sich noch, als der Fluß 1840 infolge eines Hochwassers zur Danziger Bucht durchbrach und sich eine neue Mündung schuf. Der von der Weichsel herantransportierte Sand setzte sich an beiden Ufern ab, und die Sturmfluten schwemmten ihn jedesmal bis an die alte Mündung. Um 1845 entschloß man sich, die alte Mündung zuzuschütten, und so wurde die Insel Westerplatte mit dem Festland verbunden.

Seebad

Das Gelände, im Laufe der Zeit mit Wald bewachsen, wurde im 19. Jh. zu einem beliebten Ausflugsort. Dort entstanden ein Seebad und eine Anlegestelle für Schiffe. Bereits Anfang des 19. Jhs hatte man dort Befestigungsanlagen errichtet. Nach 1918 blieb die Halbinsel jedoch größtenteils ungenutzt. Deshalb

Das 1981 errichtete Denkmal für die beim Aufstand von 1970 getöteten Werftarbeiter.

wurde sie vom Völkerbund 1924 unter polnische Verwaltung gestellt, damit die Republik dort ihre importierten Waffen lagern konnte. 1925 wurde das sog. Munitionsbecken ausgebaggert und die Hafeninfrastruktur verbessert. Von 1933–1934, angesichts der Gefährdung des polnischen Munitionsdepots durch nationalsozialistische Danziger Selbstschutzgruppen, wurden vier Wachhäuser und eine Kaserne gebaut. Darüber hinaus entstand am Hals der Halbinsel und zum Hafenkanal hin eine Ziegelmauer, die den Einblick in das Militärgelände verwehrte. 1939, als die Kriegsgefahr wuchs, wurde die polnische Wacheinheit mit Waffen und Soldaten verstärkt.

Munitionsdepot

Schleswig-Holstein

Am 25. August 1939 lief das Schulschlachtschiff *Schleswig-Holstein* zu einem »Höflichkeitsbesuch« in den Danziger Hafen ein und machte in der Nähe der Westerplatte fest. In der Nacht vom 31. August zum 1. September bezog es im Bereich der Fünf-Pfiffe-Kurve Position und feuerte von dort um 04.45 Uhr die erste Salve in Richtung Westerplatte ab. Diesem Auftakt folgten Fliegerangriffe. Die Kämpfe zwischen den polnischen Verteidigern und den überlegenen deutschen Kräften dauerten ununterbrochen bis zum 7. September an, als sich der Kommandant, Major Henryk Sucharski, angesichts der Sinnlosigkeit weiteren Widerstandes (laut Befehl sollte die Westerplatte nur 12 Stunden lang verteidigt werden) zu einer Kapitulation unter ehrenvollen Bedingungen entschloß.

Mehr über die Verteidigung der Westerplatte kann man im Wachgebäude Nr. 1, das vom Museum für Danziger Geschichte verwaltet wird, erfahren. Es ist in der Zeit vom 5. Mai bis zum 30. Oktober jeweils von 09.00 bis 16.00 Uhr geöffnet. Außerdem befindet sich auf dem Gelände das Grab der gefallenen Verteidiger. 1963 wurde hier ein Panzer der 1. Polnischen Panzerbrigade »Helden der Westerplatte«, die gemeinsam mit sowjetischen Truppen 1945 Danzig erobert hatte, aufgestellt. Man hat die Ruine der Kaserne stehengelassen und auf einem speziell aufgeschütteten Hügel 1966 ein von den Danziger Bildhauern Franciszek Duszenko und Adam Haupt geschaffenes Denkmal aufgestellt. Die Höhe des Denkmals beträgt 25 m. Es ist aus 236 Granitblöcken und Platten zusammengesetzt, die ein Gewicht zwischen 2,5 und 12 Tonnen haben. Die Inschriften er-

Denkmal

innern an die Verteidiger der Westerplatte, der Polnischen Post in Danzig, der Halbinsel Hela und von Oksywie. Den Spaziergang auf diesem historischen Gelände kann man am Strand in der Nähe des Nordhafens beenden, von wo aus man eine gute Sicht auf die Piers, die Verladeeinrichtungen und die dort liegenden Schiffe hat.

Nordhafen

Oliva

Anfahrt: Eisenbahn oder S-Bahn bis zum Bahnhof Gdańsk-Oliva, ferner Straßenbahnlinien 6, 12 und 15 bzw. Bus 117 von Sopot

Heute ein Stadtteil Danzigs, wurde das Dorf Olyua (Oliva) mit noch sechs anderen Ortschaften 1188 von Fürst Sambor I. den aus Kołbacz (Kolbatz) in Westpommern zugewanderten Zisterziensern geschenkt. Mit der Zeit hatte das Kloster seinen Besitz beträchtlich vergrößert und besaß zuletzt 40 Dörfer sowie Seen, Wälder, Vorwerke, Häuser in verschiedenen Städten, Mühlen, Brauereien und Schmieden. Im 13. Jh. (1226 und 1236) wurde das Kloster zweimal von den Pruzzen überfallen und geplündert. Mitte des 13. Jhs verwüstete der Deutsche Ritterorden gleich dreimal das Gelände. 1433 wurde das wiederaufgebaute Kloster von den Hussiten zerstört. 1577 brannten es die Danziger nieder, und zwar aus Rache, weil der Abt Kaspar Geschkau bei der Königswahl Stefan Batory unterstützt hatte. Jedoch mußte Danzig ein Jahr später – unter dem Druck des polnischen Königs – den von ihm angerichteten Schaden ersetzen. Im 17. Jh. richteten die Schweden erneut große Zerstörungen an. Aber schon einige Jahre nach der ersten Invasion der Schweden in Pomerellen befand sich die Abtei bereits wieder in voller Blüte. In den stets aufs neue aufgebauten Gebäuden waren mehrmals polnische Könige zu Gast. Dort beendete Johann Kasimir 1660 die Verhandlungen mit Schweden, woraufhin der Olivaer Friede unterzeichnet wurde. Im folgenden Jahrhundert hatte die Abtei unter sächsischen Truppen zu leiden, die hier von 1733–1734 Quartier bezogen. 1772, nach der ersten Teilung Polens, kam Oliva zu Preußen, das die

Kloster

Olivaer-Friede

Blick auf die Danziger Werft (oben).

Die Festung Weichselmünde mit dem Jachthafen (rechts). Ihr Erhaltungszustand hat seit der Inbetriebnahme des Schwefelterminals sehr gelitten (unten).

Die Einfahrt in den Danziger Hafenkanal mit der Westerplatte.

Klostergüter konfiszierte. Nach dem Tode des letzten polnischen Zisterzienserabtes übernahmen die Hohenzollern diese Würde. Große Schäden verursachten dann die napoleonischen Kriege. 1831 wurde die Abtei aufgehoben und die Klosterkirche wandelte sich zur Pfarrkirche. 1925 erhob man diese dann in den Rang einer Kathedrale der neugegründeten

Dämmerung über der Danziger Werft im Herbst 1996.

Danziger Diözese. In einem Teil der Klostergebäude befindet sich heute ein Priesterseminar.

Geschichte

Die Geschichte der ältesten sakralen Klosterbauten in Oliva ist nicht genau bekannt. Vermutlich bestand zuerst ein hölzernes Oratorium und dann – um 1200 – eine kleine gemauerte Kapelle, deren Reste im Chor der heutigen Kathedrale (zwei Joche) enthalten sind. Seit dem Ende des 13. Jhs wurden Kloster und Kirche erweitert. Im 14. Jh. erhielt letztere die heutige, von zwei Türmen flankierte Fassade. Die barocken Turmhauben sind nach den Kriegszerstörungen erst 1971–1972 rekonstruiert worden. Das Bauwerk stellt eine dreischiffige Basilika mit Chorumgang dar. Unter dem Chor befindet sich eine Krypta. Das Innere der Kirche ist reich geschmückt. Mit 107 m ist sie die längste Kirche Polens. Die Breite des Mittelschiffes beträgt 8,3 m, seine Höhe 17,7 m.

Orgel

Touristen besuchen die Kathedrale vor allem wegen der herrlichen Rokoko-Orgel von 1788. Sie zeichnet sich nicht nur durch einen hervorragenden Klang aus, sondern ist auch wegen ihrer reichen Verzierungen eine der schönsten Orgeln Polens. Außerdem befinden sich in der Kathedrale zahlreiche Grabstätten und Epitaphe von Personen, die mit der Danziger Region eng verbunden waren, so u.a. das Grabmal der Herzöge von Pomerellen.

Museum

In den ehemaligen Klosterräumen wurde das Museum des Erzbistums eingerichtet, das über umfassende Sammlungen alter sakraler Kunst verfügt. Dort ist im Friedenssaal auch der Tisch zu sehen, auf dem 1660 der Friedensvertrag zwischen Polen und Schweden unterzeichnet wurde.

Schloß

An der nördlichen Klostermauer entlang gelangt man zu den wieder aufgebauten Abteigebäuden und zum Schloßpark. Im Palast der Äbte, einem spätbarocken Schloß, und im Abteispeicher haben verschiedene Zweigstellen des Danziger Nationalmuseums ihren Sitz. So befindet sich im Schloß (Ostflügel gotisch, Südflügel 1754–1756 im Rokokostil für den Abt Jacek Rybiński gebaut) eine Galerie moderner Kunst, wo auch Kammerkonzerte stattfinden. Im Speicher aus dem Jahre 1723 ist eine ethnographische Sammlung aus der Danziger Region untergebracht, darunter eine Ausstellung über traditionelle kaschubische Fischerei. Bis 1945 beherbergte der Palast der Äbte das »Staatliche Landesmuseum für Danzigs Geschichte« mit zahlreichen maritimen Gemälden, u. a. Darstellungen Danziger Schiffe aus dem 19. Jh. Nach 1945 waren diese Exponate verschollen.

Park

Der Olivaer Park wurde vom Abt Jacek Rybiński gegründet und ist eine typische Anlage des Rokoko mit akkurat geschnittenen Hecken, symmetrisch angelegten Blumenbeeten und romantischen Teichen. Die Wege bilden Achsen, von denen die längste in Richtung der Danziger Bucht verläuft und deshalb das »Fenster zum Meer« oder die »fürstliche Aussicht« genannt wird. 1782 ließ der Abt Karl von Hohenzollern den nördlichen Parkteil im englischen Stil anlegen. Dort befinden sich Wasserfall, Flüstergrotte, Palmenhaus, Alpinarium und mannigfache Baumarten.

1955, als sich der Todestag des Dichters Adam Mickiewicz zum hundertsten Mal jährte, erhielt der Park dessen Namen, und eine Mickiewiczbüste wurde enthüllt. Darüber hinaus wurden im Park mehrere Skulpturen aufgestellt.

Aussichtsturm

Auf dem der Kathedrale nächstgelegenen Hügel, dem Pachołek (früher Karlsberg genannt), befindet sich ein Aussichtsturm, von dem man einen herrlichen Blick über den nördlichen Teil Danzigs und auf die Bucht hat.

Sopot

Anfahrt:	Eisenbahn oder S-Bahn von Gdańsk bzw. Gdynia, Trolleybus 21 von Gdynia, Bus 117 von Oliva, im Sommer mit dem Schiff von Gdańsk oder Gdynia

Geschichte

Ein Burgwall aus dem frühen Mittelalter und noch ältere archäologische Funde zeugen von den Ursprüngen dieses Ortes. 1283 wurde er als herzogliches Dorf den Zisterziensern aus Oliva geschenkt. 1433 wurde er von den Hussiten niedergebrannt. Um 1604 entstanden dann am Meeresstrand die ersten Fischerkaten. 1734, während der Belagerung Danzigs durch russische Truppen, fiel Zoppot einem Brand zum Opfer, woraufhin die reichen Danziger

Teilansicht des Hafens von Gdynia: links der Museumskai mit der *Dar Pomorza* und dem Zerstörer *Błyskawica* sowie rechts der Jachthafen (oben).

Das 1982 in Dienst gestellte Vollschiff *Dar Młodziezy* in Gdynia und rechts im Bild das Joseph-Conrad-Denkmal. Dieser Segler löste das Schulschiff *Dar Pomorza* ab (unten).

Die *Dar Pomorza*, das einstige Schulschiff der polnischen Handelsflotte, am Museumskai in Gdynia.

Geschichte

Patrizier ihre Sommersitze in der Umgebung aufgaben. Nach den kriegerischen Auseinandersetzungen wurden diese Güter dann vom polnischen Adel (der Schlachta) und von Angehörigen der Geldaristokratie aufgekauft (so besaß z.B. die Familie Przebendowski um 1756 dort 11 Landsitze). Bis 1772 war die Ortschaft Zoppot Eigentum des Klosters und wurde dann dem preußischen Staat zugeschlagen. 1804 erwarb der Danziger Kaufmann Karl Christoph Wagner den größten Teil der Güter der Familie Przebendowski und richtete am Strand eine Badeanstalt ein. Dies zog die ersten Kurgäste an, welchen fortschrittliche Ärzte eine damals moderne Wasserkur verordnet hatten. 1823 ließ der in Danzig zurückgebliebene Arzt der napoleonischen Armee, Jean Georges Haff-

Kurbad

ner, ein Erholungszentrum errichten, zu dem eine Badeanstalt mit Badewannen und Duschen, ein Hotel sowie ein Kesselhaus gehörten. Am Strand stellte man Umkleidekabinen auf, und nebenan wurde ein Park angelegt. Seitdem blühte Zoppot auf. 1827 entstand ein Seesteg.

Stadtrecht erhielt der Ort 1901, und drei Jahre später wurde sein Wappen bestätigt. Von 1920–1939 gehörte er als selbständiger Kreis zur Freien Stadt Danzig.

1995 nahm Sopot eine Fläche von 17 km^2 ein und hatte 46 000 Einwohner. Es ist bemüht, seinen Charakter als Kurort zu bewahren, dient aber gleichzeitig auch als »Schlafstadt« des Großraums um Danzig, denn die meisten seiner Einwohner arbeiten in den benachbarten Städten. Innerhalb der Stadt gibt es keine größeren Produktionsbetriebe, lebhaft wird es hier stets während der Sommersaison, wenn die Touristen in großer Zahl anreisen. Hauptattraktionen sind der Seesteg, einer der größten in Europa, sowie die Parks rund um die Badeanstalten. Am Zugang zum Seesteg befindet sich rechter Hand die unter Denkmalschutz stehende Badeanstalt aus den Jahren 1903/04. Dort endet auch die Promenade, welche sich von Gdańsk-Brzeźno (Brösen) über Jelitkowo (Glettkau) bis Zoppot hinzieht. Zwischen dem Strand und dem Nordpark steht das berühmte Grand-Hotel, in dem früher eine Spielbank existierte. Mitten durch die Stadt – von der Nähe des Bahnhofs bis unweit des Seestegs – verläuft die Straße Bohaterów Monte Cassino, eine Fußgängerzone.

Seesteg

(Abb. s. S. 152)

Gdynia

Geschichte

Die ältesten schriftlichen Zeugnisse über die Dörfer Gdynia (Gdingen) und Oksywie (Oxhöft) stammen aus dem 13. Jh. In Oksywie bestand bereits um die Wende vom 11. zum 12. Jh. ein katholisches Kirchspiel. 1249 wird dort eine Fischeranlegestelle der Prämonstratenser aus Żukowo (Zuckau) erwähnt. Eine solche befand sich seit 1253 auch in dem Dorf, das damals Gdina hieß und 1362 Kulmer Recht erhielt. Zwanzig Jahre später kam es an den Kartäuserorden. Ende des 15. Jhs ließen Danziger Bürger in der Nähe dieser beiden Orte große seetüchtige Schiffe bauen.

Geschichte

Bereits 1634 erwog der polnische König Władysław IV., in Gdynia einen Kriegshafen einzurichten, weil Danzig seine Neutralität wahren wollte. Zur Entwicklung Gdingens trug 1870 der Bau einer Eisenbahn, welche Danzig mit Westpommern verband, bei. Von 1902–1904 ließ die Danziger Badegesellschaft »Weichsel« in Gdingen ein Kurhaus und einen 50 m langen Seesteg mit Bädern zu beiden Seiten errichten. 1922 begann der Bau eines polnischen Überseehafens in Gdynia, und bereits 1923 wurden der provisorische Kriegshafen sowie ein Fischerei-Schutzhafen in Betrieb genommen. 1926 erhielt das einstige Dorf bereits Stadtrecht. Es entstanden ein Bahnhof und im Hafen ein fester Stützpunkt der Kriegsmarine. 1927 wurden das polnische See- und das Fischereiamt hierher verlegt, eine Seeschule folgte 1930. Der Ausbau des Hafens dauerte bis 1939 an und wurde nach dem Kriege fortgesetzt. Ab 1933 galt der Hafen von Gdynia als der modernste und größte im Ostseeraum. Neben dem Hafen entstanden auch Werften, wie Nauta, die Werft der Kriegsmarine, und Stocznia Rybacka, die Fischereiwerft. Während des Zweiten Weltkrieges nutzte die deutsche Kriegsmarine Gdynia (Gdingen) als ihren Stützpunkt Gotenhafen.

Hafen

Nach 1945 schlüpfte Gdynia wieder in seine Rolle als Seestadt. Der Hafen wurde um einen Container- und einen Fährterminal erweitert (Fährverbindung nach Karlskrona) und der Jachthafen modernisiert.

Polnische Taucher und sowjetische Spezialisten bargen nach Kriegsende u. a. das von deutschen Truppen in der Hafeneinfahrt von Gdynia versenkte Schlachtschiff *Gneisenau.*

Der Leuchtturm auf Hel (s. S. 167).

Der Leuchtturm in Neufahrwasser mit dem Lotsenturm im Hintergrund (s. S. 142).

Marinewerft

Das betraf ebenfalls die ehemalige Marinewerft. Sie erhielt zwei große Trockendocks. In dem einen können Schiffe mit mehr als 100 000 Tonnen Tragfähigkeit gebaut werden. Auf dem Gelände entstand zusätzlich eine Reparaturwerft, die unter dem ursprünglichen Namen Nauta firmiert. Die Anlagen für die Kriegsmarine wurden vergrößert, so daß dort zusätzlich Zivilfahrzeuge gebaut werden können. Darunter befinden sich auch Schiffe und Aufbauten für deutsche Kunden.

Museumskai

Gdynia besitzt die meisten maritimen Museumseinrichtungen in Polen. Ein Großteil von ihnen liegt auf bzw. an der sog. Südmole (Molo Południowe), einer Verlängerung der Grünanlage Skwer Kościuszki, an der sich eine ständige Ausstellung des Museums der Stadt Gdynia befindet. Ferner sind im Hafenbecken der Zerstörer *Błyskawica*, ein Veteran aus dem

Die Marienburg, der Hauptsitz des Deutschen Ritterordens. Rechts davon die Johanniskirche als Überbleibsel von der alten Stadt (oben).

Das Fischereimuseum auf Hel (unten). Eine Beschreibung ist auf S. 166 zu finden.

Museumskai Zweiten Weltkrieg und heute Eigentum des Museums der Kriegsmarine, sowie das Museumsschiff *Dar Pomorza*, eine Zweigstelle des Danziger Schifffahrtsmuseums, vertäut.

Zwischen diesen Museumsfahrzeugen machen Schiffe der Weißen Flotte fest, mit denen man eine Hafenrundfahrt bzw. einen Ausflug nach Hel, Sopot oder Gdańsk unternehmen kann. Am Ende der Südmole legen oft große Passagierschiffe an. Rechts davon stehen das Pantheon der Seeleute und das Denkmal des maritimen Schriftstellers Joseph Conrad (–Korzeniowski). Auf der Südseite der Mole befinden sich das Ozeanographische Museum und das Meeresaquarium des Fischerei-Instituts. Das Gebäude neben dem Museum gehört als Navigationsfakultät zur Hochschule für Seefahrt. Auf der Grünfläche vor der Schule steht das Denkmal des Admirals Kazimierz Porębski, eines Vorkämpfers der maritimen Ausbildung. Der große Anker auf dem Hof stammt vom Wohnschiff *Bałtyk*, das die Kriegsmarine vor 1939 genutzt hatte. Hinter der Schule befindet sich das Becken des Jachthafens. Unweit davon, hinter einem kleinen Strand am Fuße von Kamienna Góra (Steinberg – mit bestem Rundblick), ist auf dem Freigelände eine Sammlung von Seekriegswaffen (Zweigstelle des Museums der Kriegsmarine) zu sehen.

Pantheon

Jachthafen

Puck

Anfahrt: Eisenbahn von Gdynia oder Reda aus, mit dem Linienbus der PKS bzw. mit dem Auto ab Gdynia (53 km)

Geschichte

Die Ortschaft Puyczk schenkte Herzog Sambor I. im letzten Viertel des 12. Jhs den Zisterziensern von Oliva. Bald darauf wurde jedoch die Schenkung zurückgezogen, und das Kloster bekam dafür als Ersatz das Dorf Starzyno. Puck hingegen wurde zum herzoglichen Marktflecken. Ab 1271 war es Burggrafensitz und ein wichtiges Handelszentrum.

In der Nähe von Puck, in Rzucewo, wurden Anfang des 20. Jhs Überreste einer Siedlung aus der Jungsteinzeit entdeckt. Die Angehörigen der sog. Rzucewo-Kultur jagten Robben und betrieben Fischfang.

Für das 7. Jh. n. Chr. belegen die Wracks von vier Booten und eines Einbaums sowie Reste von Hafenbefestigungen, welche jüngst an der Mündung des Flüßchens Płutnica in die Putziger Wiek unter dem Wasserspiegel entdeckt wurden, die Bedeutung des Ortes (dt. Putzig).

Geschichte

Während der Herrschaft des Deutschen Ordens amtierte hier der Verwalter eines Fischereibezirks. In der ersten Hälfte des 14. Jhs errichtete der Orden in Puck eine Burg, und 1348 erhielt der Ort dann Stadtrecht. Ab 1568 war Puck Sitz der polnischen Starosten und gehörte zeitweise zu Danzig – als Pfand für das den polnischen Königen geliehene Geld. Von 1567 bis 1570 war Puck Stützpunkt der Kaperschiffe des Königs von Polen. Anknüpfend an diese Tradition, wurden hier im 17. Jh. polnische Kriegsschiffe gebaut und stationiert. 1772 fiel der Ort an Preußen. Nach dem Ersten Weltkrieg war Puck der erste unabhängige Hafen der polnischen Zweiten Republik. Dort vollzog General Władysław Haller, der an der Spitze polnischer Truppen in Pomerellen eintraf, am 10. Februar 1920 die symbolische Vermählung Polens mit dem Meer, indem er einen goldenen Ring in die Ostsee warf.

Bis 1927 befand sich in Puck der Stützpunkt der polnischen Kriegsmarine, und in den Jahren danach war dort eine Gruppe von Wasserflugzeugen stationiert.

Nach dem Krieg etablierten sich in Puck mehrere Wassersportklubs, und ein Seesteg wurde gebaut. Ferner existiert dort ein kleiner Fischereihafen. Vom Wasser aus gesehen, überragt die Pfarrkirche aus dem 13.–15. Jh. die Stadt. In deren Nähe ist noch der mittelalterliche Markt in seiner ursprünglichen Anlage erhalten geblieben. In einem der Häuser nahe der Kirche befindet sich das Heimatmuseum des Putziger Gebietes, u. a. mit Fundstücken aus der Putziger Wiek. An der Bucht soll ein Museum der Slawischen Schiffahrt mit Exponaten aus den archäologischen Sammlungen des Danziger Zentralen Schiffahrtsmuseums entstehen, denn keine andere Stadt ist so eng mit der maritimen Geschichte Polens verbunden. Bis dahin kann man die Privatsammlung des Fischers Budzisz besichtigen, die sich in seiner Wohnung neben der Fischgrillbar in der Morska-Straße (nahe des Hafens) befindet. Mit Sicherheit werden für Touri-

Museum

Ordensburg

sten auch die freigelegten Fundamente der Ordensburg in der Zamkowa-Straße von Interesse sein.

Am 29. Juni findet die Pilgerfahrt kaschubischer Fischerboote und -kutter von der Halbinsel Hel statt.

Władysławowo

Anfahrt: Eisenbahn oder Linienbus ab Gdynia bzw. mit dem Auto (9 km von Puck)

Geschichte

Im 13. Jh. bestand bereits eine Fischersiedlung, die in einer Urkunde aus dem Jahre 1284 Velaves, also Großdorf, genannt wird. Bedeutung erlangte der Ort jedoch erst ab 1920, als das Seebad Hallerowo gegründet wurde – zum Gedenken an den Aufenthalt des Generals Haller.

Von 1935–1938 baute Polen hier einen Fischereihafen, den man nach der nahegelegenen Festung des Königs Władysław IV. aus dem 17. Jh. Władysławowo benannte. 1952 faßte man unter diesem Namen die Siedlung am Hafen, das Dorf Wielka Wieś (Großendorf) und Hallerowo zusammen. 1963 erhielt Władysławowo Stadtrecht. Nach 1945 wurde der Hafen erweitert, so daß jetzt in ihm bis zu 200

Fischerboote auf der Insel Hela 1934 (Gemälde von S. Jaxa).

Fahrzeuge gleichzeitig festmachen können. Jachten können ihn als Schutzhafen anlaufen. Darüber hinaus entstanden Werftanlagen für die Reparatur und den Umbau von Fischkuttern. Eine originelle Landmarke ist das auf einer Anhöhe errichtete Haus der Fischer, dessen rotes Licht in 78 m Höhe zudem bis zu 23 sm weit reicht.

Hafen

Rozewie

Anfahrt: Linienbus PKS ab Władysławowo oder mit dem Auto – Parkplatz am Leuchtturm

Leuchtfeuer

Die Tradition, auf der Steilküste von Rozewie (Rixhöft) ein Leuchtfeuer zu unterhalten, reicht bis ins Mittelalter zurück. Die Quellen bezeugen jedoch erst im 17. Jh. einen Leuchtturm westlich von Hela. Alte Karten der südlichen Ostseeküste zeigen hier bereits ein Signalfeuer, dennoch ist das Aussehen dieser Bauten unbekannt. Erst der 1821 erbaute Leuchtturm ist dokumentiert und überlebte bis heute. Ursprünglich war es ein Bauwerk aus Steinen und Ziegeln in der Form eines abgestumpften Kegels von 21,3 m Höhe – verputzt und weiß gestrichen. Auf dem Turm befand sich eine sechzehneckige Laterne. Das Leuchtfeuer wurde 1822 in Betrieb genommen. Licht erzeugten 15 Argand-Öllampen, die in zwei Reihen halbkreisförmig angeordnet waren. Sie sendeten ein weißes Festfeuer im Sektor 225° aus.

1866 wurde Rozewie modernisiert. Es erhielt einen Fresnelapparat von vier konzentrischen, mit Rapsöl gespeisten Dochten. Die Tragweite des Feuers betrug 21,7 sm. Die Lampe wurde eine Viertelstunde vor Sonnenuntergang angezündet und bei Tagesanbruch gelöscht. Eine Anlage dieser Art mußte sorgfältig betreut und gewartet werden. Die weitere Entwicklung der Küstenbefeuerung an der südlichen Ostsee zwang in der zweiten Hälfte des 19. Jhs zur Differenzierung der Feuer einzelner Leuchttürme, insbesondere derer, die verhältnismäßig nahe beieinander lagen. Deswegen errichtete man in Rozewie 1875 einen zusätzlichen Leuchtturm in der Nähe des alten. Der Backsteinturm hatte einen achteckigen Grundriß und 28,8 m Höhe. Infolge der Geländeunebenheiten

2. Leuchtturm

Lichtquelle

lagen jedoch beide Feuer auf gleicher Höhe. Die Lichtquelle bildete nun ein Fresnelapparat, dessen vier konzentrische Dochte mit Petroleum gespeist wurden. Die Feuercharakteristik war die gleiche wie beim alten Turm, so daß dieses Ensemble von den benachbarten Leuchttürmen leicht zu unterscheiden war.

Die Einführung der elektrischen Beleuchtung ermöglichte die weitere Modernisierung der Leuchttürme in Rozewie. Der alte Turm wurde durch Gußstahl-Elemente, die einen zweiten stumpfen Kegel bildeten, erhöht. Seine Laterne befand sich nunmehr 5 m höher. Zur Energieerzeugung wurde nebenan eine Generatorenhalle gebaut. Die Anlage sendete einen Blitz von 0,1 s aus, und zwar mit 2,9 s Pause. Diese Charakteristik erlaubte es, auf das zweite Feuer zu verzichten. Dessen Turm steht heute noch, ist aber nicht zu besichtigen.

Der Leuchtturm in Rozewie steht am Rande der mit Buchen bewaldeten Steilküste. Das Wachstum der unter Naturschutz stehenden Bäume zwang zu einer weiteren Erhöhung des Turmes. Auf die Laternenplattform wurde deshalb ein Stahlzylinder (Höhe 8 m, Durchmesser 3,5 m) aufgesetzt. In der neuen Laterne installierte man eine moderne Drehlampe mit zwei Tafeln. Auf jeder Tafel befinden sich 20 Halogenglühbirnen. Seitdem wird alle 3 Sekunden ein Blitz ausgesendet. Die Tragweite beträgt 26 sm.

Ausstellung

1963 wurde im Leuchtturm eine ständige, der Geschichte des Leuchtfeuerwesens gewidmete Ausstellung eröffnet. Es ist die einzige ihrer Art in Polen. Einige Leuchttürme in der Nähe Danzigs sind im Sommer zu besichtigen, jedoch sind dort die Informationsmöglichkeiten wegen Platzmangels viel geringer. Für die Besichtigungen ist die Gesellschaft der Freunde des Zentralen Schiffahrtsmuseums in Danzig zuständig.

Räucherfisch

Auf der langgestreckten Halbinsel befinden sich einige Fischerdörfer mit typischen Landungsstellen für die auf den Strand zu ziehenden flachen Boote. Zum Landschaftsbild gehören auch zum Trocknen aufgehängte Netze und Räucherkammern, in denen man häufig frisch geräucherten Fisch kaufen kann. In Chalupy, Kuznica und Jastarnia ist die alte, unregelmäßige kaschubische Bebauung noch teilweise erhalten geblieben (am interessantesten in Kuznica –

dort findet man auch eine Kirchenkanzel in Form eines Fischerbootes aus der Zeit nach 1933). Dagegen sind in der Stadt Hel die Überbleibsel des alten Straßendorfes zu erkennen, dessen Fachwerkhäuser mit zweiflügligen Türen und dem Giebel zur Straße an die Dorfarchitektur Niedersachsens, Westfalens und Frieslands anknüpfen. In Chalupy findet alljährlich an einem Sonntag um den 22. Juli eine Regatta der Fischerboote statt.

Regatta

Wenn man die Halbinsel Hel mit dem Auto besucht, sollte man auf die Geschwindigkeitsbegrenzungen und die Parkverbote achten. Die Parkplätze sind im Sommer oft überfüllt, was aber keine Entschuldigung dafür ist, wenn man sein Fahrzeug an unerlaubter Stelle abstellt. Die Bußgelder sind sehr hoch. Seit einigen Jahren darf man mit dem Auto direkt bis Hel fahren. Dabei führt der Weg durch ein gekennzeichnetes Militärgelände, in dem man nicht anhalten darf.

Autofahrt

Jastarnia

Anfahrt:	mit der Eisenbahn oder dem Linienbus PKS in Richtung Hel bzw. mit dem Auto

Geschichte

Das frühere Heisternest ist ein großer Fischerort und bereits seit dem 14. Jh. mit Puck verbunden. In der zweiten Hälfte des 16. Jhs gründete man östlich vom Dorf die Fischersiedlung Bor oder Danziger Heisternest – eine Kolonie der Stadt Hela (der alte Ort hieß zur Unterscheidung Putziger Heisternest). Bis zur Mitte des 20. Jhs war diese Teilung noch deutlich sichtbar, doch ist sie heute gänzlich verschwunden. Von 1926–1929 wurde hier ein großer Fischereihafen gebaut. Die Fischerkirche verfügt über eine dem Berufszweig entsprechende Ausstattung. Im Norden der Ortschaft, am Seeufer, befinden sich die sog. Retenzbudy (Rettungsbuden) – um die Wende von 19. zum 20. Jh. erbaute Schuppen einer Seenotrettungsstation. Eine touristische Attraktion bilden zwei kleine Museen: das eine ethnographisch-historischen Charakters im Zentrum des Ortes, das andere ein privates Fischereimuseum auf dem Grundstück des Bootsbauers Juliusz Struck (in

Museen

der Nähe der Bushaltestelle am östlichen Ende des Dorfes). Nahebei, am Strand zur Danziger Bucht hin, werden ausgediente Boote und Fischkutter abgewrackt.

Halbinsel Hel

Stadt Hel

Anfahrt: mit der Eisenbahn oder dem Linienbus PKS ab Gdynia bzw. mit dem Auto

Geschichte

Hel wurde bereits vor dem 12. Jh. von Fischern aus der Danziger Bucht aufgesucht. Die älteste Überlieferung von einer Siedlung auf Hel stammt aus dem Jahre 1219, als die stürmische See das Schiff eines Boten des dänischen Königs Waldemar II. ans Ufer der »Insel« Hel geworfen hatte. Im 13. Jh. war Hel bereits eine große Siedlung, welche vom Herzog Svantopolk II. den Status einer Stadt mit Lübischem Recht erhielt.

Im 14. Jh. geriet Hel unter die Herrschaft des Deutschen Ordens, der hier ein Salzlager zur Konservierung der gefangenen Fische einrichtete. Die Fangplätze in der Nähe von Hel waren reich an Heringen. Der Heringsfang war in manchen Jahren außergewöhnlich ertragreich und konkurrierte mit dem an der Schonenküste. Die Verbindung Helas mit dem Deutschen Orden festigte 1378 der Hochmeister Winrich von Kniprode, indem er das Stadtrecht des Ortes bestätigte.

Alte Stadt

Das alte Hela befand sich etwa 1500 m südwestlich vom heutigen Stadtzentrum. Bereits 1351 existierte dort die Pfarrkirche St. Marien. Die alte Stadt verfügte über einen Hafen, ein Hospital und ein Rathaus mit mechanischer Turmuhr (seit 1430).

Hela, obwohl im Mittelalter wirtschaftlich eng mit Danzig verbunden, behielt jedoch den Charakter einer sich selbst verwaltenden Stadt.

Ab 1454 wurde es zur Pflicht, daß der Vogt und die zwölf Ratsherren von Hela einen Treueeid auf Danzig ablegen mußten.

Seit Anfang des 15. Jhs begann die Südküste von Hela allmählich in die Danziger Bucht abzusinken. Infolgedessen wurde die Kirche beschädigt, die jedoch noch bis 1570 tätig war, d.h. bis zur Zerstörung durch einen Brand. Wegen des Absinkens der alten Stadt wurde eine neue am heutigen Standort gegründet. Als erstes baute man eine Kirche, die bereits 1417 als Petrikirche erwähnt wurde. Im ausgehenden 15. Jh. dominierte das neue Hela die alte Stadt, die letztlich in der zweiten Hälfte des 16. Jhs verfiel.

Alte Stadt

Ende des 15. Jhs verfügte Hela über eine eigene Flotte von Seeschiffen für die Fischerei und den Handel, die notfalls auch zu Kriegszwecken eingesetzt werden konnte. So segelten 1480 Danziger und Helaer Schiffe in die Nordsee, um auf Seiten der Hanse gegen England zu kämpfen.

Die Stadtgesetze von Hela erwähnen bereits um 1430 eine besondere Form in der Seefischerei. Kaufleute waren die Eigentümer der Schiffe und der Netze, die Fischer traten hingegen als Pächter auf. Ende des 15. Jhs waren die Kaufleute auch die Hauptabnehmer der Fische. Als im 16. Jh. die Ergiebigkeit der Heringsfangplätze abnahm, zogen die reichen Bürger ihr Kapital aus der Hochseefischerei zurück. Demzufolge kehrten die Helaer Fischer zu ihren traditionellen Fangmethoden in der Küstenfischerei zurück. Es begann die Entwicklung von sog. Matschoppien.

1526 legte der polnische König Sigismund das Schicksal der Stadtgemeinde Hela in die Hände von Danzig. Seit dieser Zeit wurde Hela verwaltungsmäßig und konfessionell zu einer »Provinz von Danzig« – im Gegensatz zu den anderen Fischerorten an der Danziger Bucht. Denn diese standen von 1454-1772 unter Verwaltung des polnischen Starosten in Puck (Putzig). In Hela lebten zwar weiterhin kaschubische Fischer, doch bildeten die große Mehrheit Zuzügler aus deutschen Gebieten sowie aus anderen europäischen Ländern, wie z.B. aus Finnland, Schweden oder sogar aus England.

1793, anläßlich der zweiten Teilung Polens, kamen Danzig und Hela zu Preußen, was 1814 – nach dem zwischenzeitlichen französischen Protektorat – dann endgültig wurde. In der zweiten Hälfte des 19. Jhs verlor Hela sein Stadtrecht und wurde zu einem Fischerdorf. 1892/93 entstand dort ein Fischereihafen, was zu einem erneuten Aufschwung des Ortes führte. Dank seiner Schiffsverbindung mit Danzig wurde

Fischerdorf

Hela zu einem vielbesuchten Erholungsort. Es entstanden Badestrände und ein Kurhaus.

Zu Polen

Nach dem Ersten Weltkrieg wurde die Halbinsel Hela Polen zugesprochen. Bereits 1923 nahm in Hel ein Seefischereilabor seine Arbeit auf. 1935 war Hel Heimathafen von 56 Kuttern und zahlreichen Fischerbooten. Daneben entstand ein Küstenschutzsystem. Hauptstützpunkt der Marine sollte ein seit 1931 in Bau befindlicher Kriegshafen werden. 1936 wurde das Befestigte Gebiet Hel geschaffen, das dem Kommandanten der Seeverteidigung Küste, dem Kapitän zur See Wlodzimierz Steyer, unterstellt war.

Die ersten Kriegshandlungen auf der Halbinsel Hel begannen am 1. September 1939, um 14.00 Uhr, mit einem Fliegerangriff, der jedoch geringe Schäden verursachte. Am gleichen Tage, gegen 18.00 Uhr, griffen 33 deutsche Flugzeuge des Typs Ju 87B die vor Anker liegenden polnischen Kriegsschiffe und die H.-Laskowski-Batterie an. In der Danziger Bucht wurden dabei der Minenleger *Gryf* und das Minensuchboot *Mewa* beschädigt.

Die Helaer Garnison verteidigte sich noch den ganzen September hindurch, bis sie sich am 1. Oktober zur Kapitulation entschloß.

Die Zerstörungen auf Hela waren nach dem Zweiten Weltkrieg nicht so groß.

Der Wiederaufbau der stark beschädigten Peter-Pauls-Kirche wurde 1960 beendet. Das Gebäude blieb jedoch bis 1970 ungenutzt. Deshalb wurde es vom Zentralen Schiffahrtsmuseum in Gdańsk übernommen und zu Ausstellungszwecken für dessen Zweigstelle, das Fischereimuseum, genutzt. 1972 wurde die erste Ausstellung eröffnet. In den darauffolgenden Jahren hat man den Kirchturm zur Aussichtsplattform umfunktioniert. Gegenwärtig wird eine Ausstellung über die Geschichte der Fischerei an der südlichen Ostseeküste – mit besonderem Akzent auf die Aktivitäten in der Danziger Bucht – gezeigt. Die Ausstellung ist das ganze Jahr über geöffnet, in der Sommersaison auch mit verlängerten Öffnungszeiten. Außerhalb des Gebäudes befindet sich eine Ausstellung traditioneller Fischerboote sowie der entsprechenden Fanggeräte. Von den Exponaten sind ein kleines Lager halbierter Boote sowie ein großes Boot, eine sog. Pomeranka, erwähnenswert.

Fischereimuseum
(Abb. s. S. 157)

Robbenaquarium

Seestation

Seit 1977 besteht in Hel, in der Nähe des Boulevards, eine Seestation der Danziger Universität, welche auf die Erforschung von Säugetieren und seltenen Fischarten in der Ostsee spezialisiert ist. Geplant ist die Einrichtung eines Robbenaquariums, das dann auch Touristen zugänglich sein soll. Eine Robbe namens Balbina lebt bereits seit 1992 in einem provisorischen Becken.

Leuchtturm Hel

(Abb. s. S. 156)

Die durch Urkunden belegte Geschichte der Leuchtfeuer auf Hela reicht bis Anfang des 17. Jhs. zurück. Bereits damals wurde auf der Spitze der Halbinsel jeden Abend ein Feuer angezündet, um vorbeisegelnden Schiffen den Weg nach Danzig zu weisen. Nach diversen Quellen erfüllte diese Funktion der Turm der alten Kirche. Dieser war etwa 34 m hoch und von außen mit Blei- sowie von innen mit Messingplatten versehen. Aus unbekannten Gründen hat man später auf diese Landmarke verzichtet, denn 1638 wurde auf der Spitze der Halbinsel ein neuer Leuchtturm gebaut. Das Feuer war vom 24. August bis zum Ende der Navigationszeit, d.h. bis zum Einfrieren des Danziger Hafens und der Reede, und im Frühjahr nach dem Beginn der Schifffahrt bis zum 3. Mai in Betrieb. 1667 brannte dieser Turm ab, wurde aber bald in Form eines Ziehbrunnens wieder aufgebaut. Am Ende des Schwengels wurde ein Eisenkorb mit glühenden Kohlen oder ein Kessel mit brennendem Teer hochgezogen. 1702 und 1763 wurde die Laterne von Stürmen schwer beschädigt, aber bald wieder repariert.

Kirchturm

1790 wandte sich die Schifferzunft an den Danziger Stadtrat mit der Bitte, das Feuer möge ebenfalls im Sommer brennen, und daß man es an eine andere, besser sichtbare Stelle verlege. Nach dem Besuch einer Sonderkommission in Hela wurde dem Antrag stattgegeben. Bald danach ließen die Danziger einen neuen Leuchtturm mit einer Wohnung für den Leuchtturmwärter errichten. Die Konstruktion bestand aus vier Hauptpfosten und einem Schwengel, an dem ein Kessel hochgezogen wurde.

Neubauten

1806 begann man in Hela wiederum mit dem Bau eines Leuchtturms, der jedoch wegen der napoleonischen Kriege erst 1826 fertiggestellt werden konnte.

Neubauten

Es war ein runder, weiß gestrichener Backsteinturm mit einem dunkelgrünen Kegeldach. Seine Gesamthöhe betrug 41,7 m. 1827 wurden die sechs mit Rapsöl gespeisten Lampen erstmals angezündet. Sie befanden sich mit gleichen Abständen in einem Rahmen, den ein Uhrwerk steuerte, so daß jede von ihnen den Horizont binnen 30 Sekunden beleuchtete. Das Licht wurde durch versilberte Parabolspiegel verstärkt. Bei einer Höhe von 37,6 m war es aus 17 sm Entfernung sichtbar.

1926 wurden in Hela Petroleumlampen installiert, und 1929 verputzte man den Turm mit roter und weißer Tünche. 1938 bekam der Helaer Leuchtturm elektrisches Licht.

Im September 1939 wurde der Turm von den polnischen Verteidigern zerstört. In der Nähe seiner Fundamente wurde 1942 ein neuer Turm aus Backstein von 38,5 m Höhe errichtet. Die sich darüber befindliche Laterne sendet Licht aus 40,8 m Höhe, bei einer Tragweite von 18 sm, aus.

Besichtigungen

Der Leuchtturm ist während des Sommers zu besichtigen. Von ihm hat man einen herrlichen Blick auf die Ostsee, die Danziger Bucht und die Halbinsel Hel. In seinem Inneren befinden sich einige Schautafeln zur Geschichte der Leuchttürme. Der Erlös aus den Eintrittskarten ist vor allem für die Restaurierung der Leuchttürme bestimmt.

Kaschubische Matschoppien

Seefischerei

Eine Besonderheit der kaschubischen Seefischerei waren die sog. Maszoperie (Matschoppien) – spezielle Zusammenschlüsse der Seefischer, die bis heute erhalten geblieben sind. Sie wurden mit dem Zweck gegründet, gemeinsam Fischfang zu betreiben und den Gewinn gerecht zu teilen, denn die Herstellung und der Einsatz großer Fanggeräte bedurften vieler Hände. In manchen Dörfern gab es mehrere Matschoppien, von denen jede ihre eigenen Fangplätze, die sog. Tiefen, ausbeutete. Doch mußten jedes Jahr die Fangplätze gewechselt werden, damit die ergiebigeren Reviere auch von allen Fischern im Turnus genutzt werden konnten. Eine Matschoppie wurde vom sog. Schipper geführt. In den Dörfern Jastarnia (Putziger Heisternest), Bor (Danziger Heisternest),

Kuznica (Kußfeld) und Chalupy (Ceynowa) war dieser Posten vererbbar.

Schipper

Darüber hinaus waren die Matschoppien kulturelle und gesellschaftliche Vereinigungen. Ihre Mitglieder kümmerten sich um die Witwen und Waisen verstorbener Fischer, und es war auch Brauch, einen Teil des Fangs an den Pfarrer abzuführen.

Sobieszewo, Świbno und Przegalina

(Erholungsinsel nördlich der Toten Weichsel)

Anfahrt: Stadtbus 112, 186 oder mit dem Auto

Diese drei Erholungsorte sind ehemalige Fischerdörfer an der Weichsel (östlich von Danzig). 1973 kam die gesamte sog. Sobieszewo-Insel zu Danzig. Auf die Insel gelangt man über eine Pontonbrücke nach Sobieszewo, dem ehemaligen Bohnsack. Von dort sind es nur noch 2 km bis Gorki Wschodnie (Östlich Neufähr) mit Fischerhafen und Werkstätten für den Bootsbau, wo sich auch der Weichseldurchbruch von 1840 (2 km) und ein Naturschutzgebiet für Wasservögel (Ptasi Raj – Vogelparadies) befinden.

Bohnsack

Das alte Fischerdorf Świbno (Schiewenhorst) ist bereits seit 1503 bekannt. Seine heutige Lage auf dem linken Weichseldamm hat es aber erst seit 1895, als die Weichsel über den sog. Durchstich geradeaus in die Ostsee geleitet wurde. Die alte Bebauung wurde abgetragen. Am linken Weichselufer baute man einen Fischerhafen. Eine Fähre über die Weichsel ermöglicht die Weiterfahrt in östliche Richtung, u.a. zum ehemaligen KZ Stutthof und nach Krynica Morska, einem Kurort auf der Frischen Nehrung.

Schiewenhorst

Przegalina (Einlage) zieht sich entlang der Toten Weichsel hin. Während der Arbeiten am Weichseldurchstich in Świbno (1889–1895) baute man hier zwei Schleusen, damit Schiffe und Flöße von der Weichsel nach Danzig gelangen konnten. Einst fuhr auf dem Damm und über die Schleusen eine Kleinbahn.

Einlage

Danzig

Informationen zum Nahverkehr

Das Danziger Straßennetz ist – insbesondere in den älteren Stadtteilen – für Autofahrer ungünstig. Es gibt zahlreiche Einbahnstraßen oder nur mit besonderen Genehmigungen zu befahrende Straßen. Auch reicht das Netz der Parkplätze, vor allem der bewachten, nicht aus. Plätze mit Parkuhren sind meistens besetzt, und das vorschriftswidrige Parken wird mit hohen Bußgeldern belegt. Deshalb sollten die öffentlichen Verkehrsmittel benutzt werden, die zudem preisgünstig sind. Es lohnt sich auch, die Dienstleistungen der Taxiunternehmen zu nutzen – bei telefonischer Bestellung gibt es eine Ermäßigung bis zu 20%. Am Taxistand kann man oft über den Fahrpreis verhandeln.

Die Hauptverbindung zwischen Danzig und den Nachbarstädten Sopot und Gdynia bildet die Stadtschnellbahn. In der Hauptverkehrszeit (06.00 bis 08.00 und 14.00 bis 16.30 Uhr) fahren die Züge alle 6 Minuten, mittags und abends im 12-Minuten- sowie am späten Abend im 20-Minuten-Takt. Fahrkarten werden in Kassen auf den Bahnhöfen verkauft (es gelten nur weiß-blaue Fahrscheine, auf der Rückseite sind die Ortschaften aufgelistet, die man mit ihnen erreichen kann). Notfalls kann man die Fahrkarte im ersten Wagen beim Zugführer lösen. Vor Fahrtantritt muß man die Fahrscheine in einem der gelben Automaten auf dem Bahnsteig entwerten. Eine Ermäßigung von 50% steht Schülern, Studenten, Angestellten von Firmen, die das Recht zur Ermäßigung erworben haben, und Invaliden zu (man sollte während der Fahrt einen entsprechenden Ausweis bei sich haben). Für Züge, die auf den Gleisen der Fernzüge fahren (z. B. nach Tczew), gelten gelb-braune Fahrkarten, die ebenfalls in den Automaten zu entwerten sind. An Feiertagen und Wochenenden kann man zu Orten bis 160 km Entfernung sog. Ausflugsfahrkarten zum halben Preis erwerben.

Busse und Straßenbahnen in Danzig haben die gleichen Fahrkarten und Preise (anders als in Sopot und Gdynia). Die Fahrkarten kauft man in Zeitungskiosken oder notfalls beim Fahrer, wobei man dann einen ganzen Satz Fahrkarten kaufen muß. Die Karten sind für eine bestimmte Fahrzeit (10 oder 30 Minuten) gültig und werden im Automaten entwertet, der Datum und Uhrzeit aufdruckt. Wenn man während der Fahrt bemerkt, daß das Limit überschritten wird, stempelt man die nächste Karte ab. Im Rahmen des Limits kann man verschiedene Fahrzeuge und Linien benutzen (umsteigen).

In Sopot und Gdynia gibt es für Busse und Obusse andere Fahrkarten als in Danzig. Die Entwertung im Automaten gilt für eine Fahrt, nicht für eine bestimmte Zeit. Nach dem Umsteigen muß also eine neue Fahrkarte entwertet werden.

Banken – Geldwechsel

In Danzig gibt es, so wie in ganz Polen, ein dichtes Netz von offiziellen Wechselstuben mit dem Namen KANTOR, in denen die An- und Verkaufspreise der Valuten in polnischen Złoty angegeben sind. Es wird nicht empfohlen, Geld bei unbekannten Personen, die in der Nähe dieser KANTORS oder woanders ihre Dienste anbieten, umzutauschen. Geld kann man auch in einigen Banken wechseln.

Touristische Information

Centrum Informacji Turystycznej, ul. Heweliusza 8, Tel. 310338
Agencja Informacji Turystycznej, ul. Długa 45, Tel. 319151
Auskunft der Eisenbahn – Hauptbahnhof der PKP, Tel. 311112 und 310051, zusätzlich Tel. 383522 und 385138

Museen

Centralne Muzeum Morskie (Schiffahrtsmuseum), ul. Szeroka 67/68, Tel. 315311 und 316938. An der Kasse deutschsprachige Information über Ausstellungen und Preise der Eintrittskarten.
Die Ausstellungen befinden sich in folgenden Objekten:
- Krantor und anliegendes Gebäude: Polnische Kriegsmarine 1918–1939 und Boote außereuropäischer Völker;
- Hauptsitz des Museums in den Speichern auf der Insel Ołowianka (Bleihof): Maritime Geschichte Polens, Altertümer aus archäologischen Unterseeforschungen (u.a. Ladung aus dem Wrack eines Schiffes aus dem 15. Jh., Kanonen eines schwedischen Schiffes von 1627), Modelle von Fracht- und Kriegsschiffen, Seemalerei. Zeitausstellungen.
- Museumsschiff *Sołdek* am Kai der Insel Bleihof: zur Besichtigung u.a. Kesselraum, Maschinenraum, Besatzungsräume, Brücke. In den Laderäumen II und IV Zeitausstellungen und Ausstellung über die Baugeschichte der *Sołdek* sowie der Schiffproduktion der Danziger Werft, auf der das Schiff entstand.

Öffnungszeiten: Di. bis Fr. 9.30–16.00
Sa. und So. 10.00–16.00
im Juli und August tägl. 9.30– 18.00

Zur Insel Ołowianka verkehrt die Fähre *Motława* von der Anlegestelle am Krantor.
Muzeum Narodowe (Nationalmuseum), ul. Toruńska 1, Tel. 317061
Hauptsitz – ehem. Franziskanerkloster: das wertvollste Schaustück ist das »Jüngste Gericht« von Hans Memling. Ferner: flämische und holländische Malerei des 17. Jhs, mittelalterliche Plastik aus Pommern, Goldschmiedekunst und künstlerische Keramik 15.–19. Jh., Danziger Schmiede- und Tischlerkunst 15.–18. Jh., polnische Malerei 19.–20. Jh. Im Jahre 1997 findet zur Tausendjahrfeier eine Große Ausstellung »Aurea Porta Rzeczpospolitej« (»Goldene Pforte der Republik«) statt, in der die Danziger Kunst von der Mitte des 15. bis zum Ende des 18. Jhs gezeigt wird.
Öffnungszeiten: Di. bis Fr. 10.00–15.00
Sa. und So. 10.00–16.00

Abteilung Moderne Kunst im Schloß der Äbte in Gdańsk-Oliwa, ul. Cystersów 15A, Tel. 52 12 71.
Öffnungszeiten: Di. bis So. 10.00–15.00
Ethnographische Abteilung, Speicher in der Nähe des Schlosses, Gdańsk-Oliwa, ul. Opacka 12, Tel. 52 41 39.
Volkskultur Pommerellens, Zeitausstellungen.
Öffnungszeiten: Di. bis Sa. 9.00–15.00
So. und Feiertage 10.00–16.00
Muzeum Archeologiczne (Archäologisches Museum), ul. Mariacka 25/26, Tel. 31 50 31.
Im Haus der ehem. Naturforschenden Gesellschaft.
Ursprung des slawischen Gdańsk, Zeitausstellung 1997: »1 000 Jahre Danzigs im Licht der Ausgrabungen«.
Öffnungszeiten: Di., Do. und Fr. 9.00–16.00
Mi. 10.00–17.00
Sa. und So. 10.00–16.00
Muzeum Historii Miasta Gdańska (Museum zur Geschichte Danzigs), ul. Długa 47, Tel. 31 48 71-75.
Hauptsitz im Rechtstädtischen Rathaus: Besichtigung der Räume des Rathauses mit reicher Ausstattung, Aussichtsplattform auf dem Turm und Zeitausstellungen.
Öffnungszeiten: Di. bis Do. und Sa. 9.00–15.00
Sonntag 10.00–16.00
– Zweigstelle Artushof und Danziger Diele, Długi Targ 43/44
Öffnungszeiten: So. 11.00–16.00
– Zweigstelle Uphagenhaus, ul. Długa 12
Wachhaus Nr. 1 auf der Westerplatte, geöffnet vom 5. Mai bis zum 30. Oktober täglich von 9.00 bis 16.00 Uhr. Anfahrt: Bus 106 bzw. 158.
Twierdza w Wisłoujściu (Festung Weichselmünde; Rekonstruktionsarbeiten) Besichtigungen möglich vom 15. Juni bis zum 15. September täglich von 10.00 bis 15.00 Uhr. Anfahrt: Bus 106.
Muzeum Poczty i Telekomunikacji
(Postmuseum), ul. Obrońców Poczty Polskiej 1/2, Tel. 31 76 11.
Das Museum befindet sich im historischen Gebäude der Polnischen Post. In den Ausstellungen die Geschichte der Post seit dem 15. Jh. und Briefmarkensammlungen.
Öffnungszeiten: Mo., Mi. bis Fr. 10.00–16.00
Sa. und So. 10.00–16.00

Galerien

Galeria Pałacowa w Oliwie (Schloßgalerie in Oliva)
ul. Cystersów 15A
Geöffnet: Di. bis So. 9.00–15.00
Państwowa Galeria Sztuki (Staatliche Kunstgalerie)
ul. Długa 67/68

Geöffnet: Di. bis Fr. 11.00–17.00
Sa. und So. 11.00–15.00

Nadbałtyckie Centrum Kultury (im Altstädtischen Rathaus), ul. Korzenna 33/35
Geöffnet: tägl. 11.00–19.00, Sa. 11.00–15.00

Gdańska Galeria Fotografii (Danziger Photographische Galerie), ul. Grobla I nr 3/5
Geöffnet: Di. bis Fr. 11.00–17.00
Sa. und So. 11.00–16.00

Gdańska Galeria Rzeżby (Danziger Skulpturgalerie), ul. Długi Targ 35/38,
Geöffnet: Fr. 10.00–18.00
Sa. 11.00–15.00

U Literatów,
ul. Mariacka 50

Galeria »Glaza Expo Design«, ul. Długi Targ 20/21
Geöffnet: Mo. bis Fr. 10.00–18.00
Sa. 10.00–15.00

Galeria »Pro-Arte-Christi«,
ul. Mariacka 48
Geöffnet: Di. bis Fr. 12.00–17.00

Rosyjski Ośrodek Nauki i Kultury,
(Russisches Zentrum für Wissenschaft und Kultur), ul. Długa 35
Geöffnet: tägl. 10.00–17.00

Gallery of Native Art
ul. Św. Ducha 87/89
Kunst von Australien, Neuguinea, Neuseeland, Indonesien, Afrika und vom südlichen Pazifik.
Geöffnet: tägl. 10.00–18.00
Sa. 10.00–14.00.

Musiktheater

Państwowa Opera Bałtycka, al. Zwycięstwa 15, Tel. 41 05 63

Philharmonie

Państwowa Filharmonia Bałtycka, al. Zwycięstwa 15, Tel. 41 90 52

Konzertstätten

Akademia Muzyczna
ul. Łagiewniki 3, Tel. 31 77 15

Saal Gedenia, Tel. 38 35 80

Nadbałtyckie Centrum Kultury (im Altstädtischen Rathaus), ul. Korzenna 33/35, Tel. 31 10 51.

Politechnika Gdańska (Technische Hochschule – Aula im Hauptgebäude), ul. Narutowicza 11/12, Tel. 47 17 09.

Bazylika Katedralna (Katedra w Oliwie – Kathedrale in Oliva), Orgelkonzerte, ul. Cystersów 16, Tel. 52 47 65

Antiquitäten, Antiquariate, Nautiquitäten, Hobby

Antyk. Kantor kupiecki, ul. Warzywnicza 10, Tel. 31 34 16
Antyki, ul. Garbary 14, Tel. 35 69 03
Antyki-Znaczki-Monety (Antiquitäten, Briefmarken, Münzen), Długa 67/68, Tel. 31 05 54
B & W Collection, ul. Lawendowa 9/2, Tel;. 35 81 37
Dart, Antykwariat, Piwna 47, Tel. 31 83 06
Gdański Salon Sztuki Dawnej (Danziger Salon Alter Kunst), Długa 2, Tel. 31 51 21
Jacek. Antykwariat, ul. Długa 67/68, Tel. 31 21 91
Ratusz Staromiejski, Dom aukcyjny (Altstädtisches Rathaus, Auktionshaus), ul. Korzenna 33/35, Tel. 31 10 51 w. 22.
Antykwariat naukowy (Wissenschaftliches Antiquariat), ul. Szeroka 74/76, Tel. 35 88 50
Nautykwariat, (Antiquariat mit maritimen Gegenständen), ul. Piwna 11
Hobby. Antykwariat, ul. Poznańska 29, Tel. 53 8 82
Almex, sklep modelarski (Geschäft für Modellbauer), Powroźnicza 13/15, Tel. 31 31 34

Schiffsrundfahrten

Gdańsk-Hafenbesichtigung-Westerplatte

In der Saison (16.06.–31.08.) [R – Reservefahrt]									
Gdańsk	10.00	11.00	12.00	13.00	14.00	15.00 R	16.00	17.00 R	18.00 R
Westerplatte	11.00	12.00	13.00	14.00	15.00	16.00 R	17.00	18.00 R	19.00 R
Westerplatte	11.10	12.10	13.10	14.10	15.10	16.10 R	17.10	18.10 R	19.10 R.
Gdańsk	11.45	12.45	13.45	14.45	15.45	16.45 R	17.45	18.45 R	19.45 R
Gdańsk	08.00								
Sopot	09.15	11.50 R	15.50						
Hel	10.35	13.10 R	17.10						
Hel	10.20 R	13.20 R	17.35						
Sopot	11.40 R	14.40 R	18.45						
Gdańsk			19.55						

Rundfahrten im alten Danziger Hafen: Das Seitenradschiff *Pomeranka* hat seine Anlegestelle am Fischmarkt, es fährt nach Bedarf – entsprechende Anzahl von Fahrgästen.

Fahrten ins Ausland

Fährschiff der PŻB von Gdańsk nach Oxelösund bei Stockholm (Transit nach Finnland),
Informationen in Reisebüros und im Hafen – Polska żegluga Bałtycka, Tel. 43 69 78

Eintagesfahrten nach Kaliningrad (Königsberg), Visen (nach Elbląg mit dem Bus), ul. Heweliusza 22, Tel. 31 31 10

Jacht- und Bootsverleih

Seetüchtige Jachten kann man in den Jachtklubs ausleihen, wünscht man eine bestimmte Jacht und ggf. einen Lotsen-Sportsegler, sollte man rechtzeitig mit der Firma NAVIMOR YACHTING SP. Z O.O. ul. Heweliusza 11, Zimmer 816, Tel./Fax 310017, Kontakt aufnehmen oder sich noch früher an große Jachtklubs wenden, wie

Akademicki Klub Morski AZS, al. Zwycięstwa 12, Tel. 41 23 69
Bałtyckie Bractwo Jungów, ul. Chmielna 111, Tel. 31 42 39 w. 25
Gdański Klub Morski LOK, ul. Tamka 19a, Tel. 37 37 93
Jacht Klub, ul. Przełom 9, Tel. 37 39 12
Jacht Klub Stoczni Północnej, ul. Sienna 37, Tel. 37 38 31
Jachtklub Stoczni Gdańskiej, ul. Przelom 9, Tel. 37 31 15
Neptun. Jachtklub morski, Przelom 6, Tel. 37 09 27
Polski Klub Morski, Targ Rybny 6a, Tel./Fax 31 82 73
Portowiec. Jachtklub, ul. Śnieżna 1, Tel. 43 67 91

Jachtausrüster

Sklep Żeglarski (Wassersportgerät), ul. Chlebnicka 29, Tel. 31 66 30
Conrad-Passed, ul. Sienna 45, Tel. 37 09 54
Cuma, ul. Warzywnicza 3/4, Tel. 31 37 21
Ocean Sails, Dolne Młyny 4, Tel. 48 51 05
Alma-Pro, Elektronika jachtowa (Jacht-Elektronik), Polanki 124, Tel. 0-90 50 62 63
Amber Yachts, ul. Ku Ujściu 2, Tel. 43 70 04
Gdańsk Yacht Builders, ul. Przetoczna 2, Tel. 37 00 00
Shipyard Maritime Europe, Sienna 45, Tel. 37 39 47
Galeon, Straszyn k. Gdańska, Starogardzka 5, Tel. 82 33 15

Bibliotheken mit großen Sammlungen von maritimen Büchern

Biblioteka Gdańska Polskiej Akademii Nauk
(Bibliothek der Polnischen Akademie der Wissenschaften), ul. Wałowa 15, Tel. 31 22 51
Biblioteka Brytyjska The British Council, ul. Ogarna 27, Tel. 31 60 62
Biblioteka Główna Politechniki Gdańskiej
(Hauptbibliothek der Technischen Hochschule) ul. Narutowicza 11/12, Tel. 47 25 75, wissenschaftliche Information Tel. 47 11 99
Biblioteka Centralnego Muzeum Morskiego
(Bibliothek des Zentralen Schiffahrtsmuseums) ul. Ołowianka 9/11, Tel. 31 86 11
Biblioteka Techniczna Centrum Techniki Okrętowej (Technische Bibliothek des Zentrums für Schifftechnik), ul. Wały Piastowskie 1, Tel. 37 43 34

Restaurants mit maritimem Ambiente

Gdańska (viele Modelle von Segelschiffen), ul. św. Ducha 16, Tel. 31 03 22

Kubicki (altes Hafenrestaurant im Stil der dreißiger Jahre), ul. Wartka 5, Tel. 31 00 50
Öffnungszeit: 11.00–22.00
(Spezialität: Eisbein nach altpolnischer Art)

Palowa (im Rechtstädtischen Rathaus, in den Räumen der ehemaligen Hafenzollkammer), ul. Długa 47, Tel. 31 55 32
Öffnungszeit: 10.00–24.00
(Spezialität: Forelle vom Grill)

Pod Łososiem (der Lachs – besonders schöne Ausstattung), ul. Szeroka 54, Tel. 31 76 52
Öffnungszeit: von 11.00 Uhr – bis zum letzten Gast (Spezialität: Lachs vom Grill, alte Danziger Küche)

Pod Wieżą (im Gewölbe finden die Treffen der Polnischen Cap-Horn-Bruderschaft statt, mit reicher maritimen Ausstattung – in den Nachmittagsstunden auf Wunsch für Besichtigung geöffnet), ul. Piwna 50/51, Tel. 31 39 24
Öffnungszeit: 10.00–4.00
(Spezialität: altpolnische Küche)

Tawerna (in der Ausstattung viele Schiffsmodelle), ul. Powroźnicza 19/20, Tel. 31 41 14
Öffnungszeit: 11.00–23.00
(Spezialität: Fisch, Ente mit Äpfel)

Andere Restaurants im Gebiet des alten Danzigs

Admirał, ul. Długi Targ 17/18, Tel. 31 84 52
Arno, ul. Tkacka 1, Tel. 31 14 41
Öffnungszeit: 11.00–22.00
(Spezialität: toskanische Gerichte)
Halong (vietnamesisch-chinesisches Restaurant) ul. Szeroka 37/38, Tel. 31 59 13
Heweliusz – Orbis, ul. Heweliusza 22, Tel. 31 56 31
Öffnungszeit: 13.00–24.00
Major, ul. Długa 18, Tel. 31 10 69
Milano, ul. Chlebnicka 49/51, Tel. 31 78 47
Pod Basztami, ul. Latarniana 2, Tel. 31 59 99
Pod. Żurawiem, ul. Warzywnicza 11, Tel. 31 34 17
Retman, ul. Stągiewna 1, Tel. 31 92 48

Gdynia

Touristische Information

Informacja Turystyczna, Pl. Konstytucji 1 (Hauptbahnhof PKP), Tel. 21 92 25
Eisenbahnauskunft Hauptbahnhof PKP, Tel. 21 67 01 und 20 09 92

Museen

Muzeum Oceanograficzne i Akwarium Morskie (Ozeanographisches Museum und Seeaquarium), al. Zjednoczenia 1, Tel. 217021
Öffnungszeiten: Di. bis So. 10.00–17.00
Im Museum Aquarium mit lebenden Seetieren und naturwissenschafliche Ausstellung.
Muzeum Marynarki Wojennej (Museum der Kriegsmarine)
Zweigstellen:
Ekspozycja Stała Uzbrojenia i Broni Morskiej (Ständige Ausstellung von Seekriegswaffen), Bulwar Nadmorski, Tel. 203984
Öffnungszeiten: Di. bis So. 10.00–16.00
Ausstellung von Seekriegswaffen, besonders aus der Zeit des Zweiten Weltkrieges und der Nachkriegszeit, Flugzeuge der polnischen Seefliegerkräfte.
Okręt-Muzeum »Błyskawica« (Museumsschiff, Zerstörer *Błyskawica*)
Macht im Sommer an der Südmole, Aleja Zjednoczenia, fest.
Öffnungszeiten: Di. bis So. 10.00–16.00
Auf dem zu Museumszwecken eingerichteten Schiff (u.a. Durchgang durch den Dampfkessel) befinden sich Ausstellungen zur jüngsten Geschichte der polnischen Kriegsmarine.
Statek-Muzeum »Dar Pomorza«
Zweigstelle des Zentralen Schiffahrtsmuseums in Gdańsk.
Macht unweit der »Błyskawica« an der Südmole fest,
al. Zjednoczenia, Tel. 202371.
Geöffnet das ganze Jahr über, im Sommer täglich 10.00–18.00 Uhr, außerhalb der Sommersaison von Dienstag bis Sonntag 10.00–16.00 Uhr.
Der Segler ist ein Symbol der polnischen Schiffahrt, ein altgedientes Schulschiff, Veteran und Sieger von Überseeregatten. Im Inneren ständige Ausstellungen über die Geschichte des Schiffes und der Tätigkeit der Polnischen Cap-Horn-Bruderschaft. Darüber hinaus Zeitausstellungen, u.a. in jeder Saison eine Wettbewerbsausstellung polnischer Modellbauer.
Muzeum Miasta Gdyni (Museum der Stadt Gdynia)
Zweigstellen:
Pawilon Wystawowy: Morski rodowód Gdyni (Maritimer Ursprung von Gdynia), ul. Waszyngtona 21, Tel. 204730
Öffnungszeiten: Di. bis So. 11.00–17.00
Domek Abrahama – Ausstellung Antoni Abraham – das Dorf Gdynia.
ul. Starowiejska 30
Öffnungszeiten: Di. bis So. 11.00–17.00

Galerien

Bank Przemysłowo-Handlowy SA, ul. Wendy 7/9
Geöffnet: tägl. 8.00–18.00
Galeria »Wybrzeże«, ul. Świętojańska 44, Tel. 203663
Geöffnet: täglich 11.00–18.00
Galeria Telewizyjna, Sitz des Towarzystwo Przyjaciół Sztuki w Gdyni,
(Gesellschaft der Kunstfreunde)

Coctail Bar »Batory«, ul. Derdowskiego 11, Tel. 219178.
Geöffnet: täglich 12.00–23.00
Galeria Sztuki Współczesnej 78
(moderne Kunst), ul. Świętojańska 78, Tel. 208185

Musiktheater
Teatr Muzyczny, pl. Grunwaldzki 1, Tel. 209521

Antiquitäten, Hobby
Antiques. Antykwariat, ul. Świętojańska 9, Tel. 206415
Antyki-Znaczki-Monety. Antykwariat (Antiquitäten, Briefmarken, Münzen), ul. Świętojańska 9, Tel. 206415
Desa Krajowa, Abrahama 54, Tel. 203663
Antyki (Antiquitäten), ul. 10 Lutego 4, Tel. 614190
Jan's Antiques & Art., pl. Kaszubski 7b, Tel. 209632
Idioma 2. Hurtownia modelarska (Großhandel für Modellbauer), ul. Szafranowa 41

Schiffsrundfahrten
Rundfahrten im Gdyniaer Hafen (in der Sommersaison) von der Anlegestelle in der Aleja Zjednoczenia (zwischen den beiden Museumsschiffen): Abfahrten um 9.00 R, 10.00, 11.00, 13.00, 14.30, 16.00, 17.30, 19.00 Uhr, die Rundfahrt dauert eine Stunde, Kasse im Pavillon an der Anlegestelle. Vor und nach der Saison (vom 01.04. bis zum 15.06. und vom 01.09. bis zum 15.11.): Abfahrten um 09.00 R, 10.00, 11.30, 13.00, 14.30, 16.00 R, 17.30 R.

Schiffahrt von Gdynia nach Hel

Abfahrt von Gdynia:	09.00 R	10.00	12.30	15.10 S	16.20
Ankunft nach Hel:	10.10 R	11.10	13.40	17.10	17.25
Abfahrt von Hel:	10.40	11.15	13.50	18.00	
Ankunft nach Gdynia:	11.50	12.25	15.00	19.10	
(R/Reservefahrt, S/über Sopot)					

Auf einer Tafel neben der Kasse aktuelle Informationen über geplante und zusätzliche Fahrten.

Fahrten ins Ausland
Mit dem Fährschiff *Lion Ferry* nach Karlskrona (u. a. Ausflüge mit eintägigem Aufenthalt in Karlskrona).
Informationen in den Reisebüros – Fährterminal ul. Kwiatkowskiego 60, Tel. 21 36 23.

Jachtklubs
(alle Klubs haben ihren Sitz in der Aleja Zjednoczenia, im Jachthafen an der Südseite der Südmole)

Einige Klubs:
GRYF. Jacht Klub Morski,
al. Zjednoczenia 11, Tel. 20 23 61
STAL. Yacht Klub,
al. Zjednoczenia 9, Tel. 20 16 62

Jachtausrüster
Clipper. Sklep Żeglarski, al. Zjednoczenia 11, Tel. 20 77 73
Kary. Pracownia Żaglomistrzowska. (Segelmacherwerkstatt), ul. Zjednoczenia 11a, Tel. 21 68 09
Sklep Żeglarski Fundacji Rozwoju WSM,
al. Zjednoczenia 9, Tel. 20 16 62

Restaurants (ausgewählte)
Gydnia-Hotel, ul. Armii Krajowej 22, Tel. 20 66 61
Major (auch Nachtklub), ul. Mickiewicza 3, Tel. 21 09 54
Geöffnet: 12.00–bis zum letzten Gast
Polonia, ul. Świętojańska 92/94, Tel. 20 58 48
Geöffnet: 08.00–06.00
Róża Wiatrów, al. Zjednoczenia 2, Tel. 20 32 53

Sopot

Touristische Information
Informacja Turystyczna, ul. Chopina 10, Tel. 51 21 76

Galerien
Państwowa Galeria Sztuki w Sopocie,
ul. Powstańców Warszawy 2–6, Tel. 51 32 61
Geöffnet: Di. bis So. 11.00–18.00
Triada, ul. Boh. Monte Cassino 36, Tel. 51 33 59

Musiktheater
Opera Leśna (Waldoper), ul. Moniuszki 12, Tel. 51 18 12
Polska Filharmonia Kameralna, Kosciuszki 61, Tel. 51 76 23

Antiquitäten
Antyki-Znaczki-Monety. Antykwariat
(Antiquitäten, Briefmarken, Münzen),
ul. Boh. Monte Cassino 43, Tel. 51 22 89
Antyki, ul. Boh. Monte Cassino 10, Tel. 51 58 96
Dzieła sztuki – antyki, ul. Boh. Monte Cassino 19,
Tel. 51 47 71
Desa Krajowa, ul. Grunwaldzka 11, Tel. 51 74 62
Jan's Antiques & Art, ul. Kościuszki 4, Tel. 51 49 61

Schiffsrundfahrten
In der Sommersaison von der Anlegestelle am Seesteg (dort Kasse und aktuelle Informationen):

Abfahrt Sopot:	09.15	11.50 R	15.50
Ankunft Hel:	10.35	13.10 R	17.10
Abfahrt Hel:	10.20 R	13.20 R	17.35
Ankunft Sopot:	11.40 R	14.40 R	18.45

(R/Reservefahrt, von der Anzahl der Fahrgäste abhängig)

Bootsverleih
Sopocki Klub Żeglarski, ul. Bitwy pod Płowcami 67

Restaurants (ausgewählte)
Balzac, ul. 3 Maja 7, Tel. 517700
Czhong-Hua (in Łazienki Południowe – Südbad), ul. Wojska Polskiego 1, Tel. 511766
Irena, Chopina 36, Tel. 512073
Pod Strzechą, ul. Boh. Monte Cassino 42, Tel. 512476

Maritime Sehenswürdigkeiten außerhalb der Dreistadt

Muzeum Rybołówstwa w Helu (Fischereimuseum in Hel)
– Zweigstelle des Zentralen Schiffahrtsmuseums in Gdańsk
Hel, Bulwar Nadmorski 2, Tel. 770552
Geöffnet: im Sommer tägl. 10.00–18.00 Uhr,
außerhalb der Saison Dienstag-Sonntag 10.00–16.00 Uhr.
Ständige Ausstellung über die Fischereigeschichte der südlichen Ostsee, bei besonderer Berücksichtigung der Danziger Bucht, unter den Exponaten: Fischerboote, Fanggerät, Gemälde, Boots- und Schiffsmodelle.
Vom Turm eine Aussicht auf den Hafen, die Danziger Bucht und Hel.

Für Besichtigungen freigegebene Leuchttürme in der Nähe Danzigs:
Rozewie – das ganze Jahr über, Öffnungszeiten nach Festlegung
Hel – Sommer '97 täglich 10.00–13.00 u. 15.00–18.00 Uhr geöffnet, desgl. in ***Czołpino, Stilo, Krynica Morska***

Seefahrten mit Fischkuttern

Władysławowo – westlicher Hafenteil in der Saison für Touristen zugänglich, die eine Seefahrt mit einem Fischkutter unternehmen möchten – Fahrkarten auf dem Schiff zu kaufen.
Hel – auch hier bieten die Fischer Fahrten an,
Auskunft im Hafen.

Rundflüge

Flüge über die Danziger Bucht und die Halbinsel Hel von Flugplätzen in Celbowo bei Puck und bei Jastarnia. Beide Stellen befinden sich an der Straße nach Puck und Hel und sind gut ausgeschildert.

Jachthäfen

Im Sommer 1997 wird in Danzig auf der Neuen Mottlau, fast gegenüber dem Krantor, ein Jachthafen eröffnet. Im Juni war die erste Bauetappe beendet. Laufende Informationen über die Aufenthaltsbedingungen liefert die Hafenverwaltung (Kapitanat Portu). Darüber hinaus stehen die bekannten Liegeplätze zur Verfügung – an der Festung Weichselmünde (Wisłoujście) – bewirtschaftet vom Polski Klub Morski (Tel. 43 77 76). Zugelassener Tiefgang der Schiffe bis zu 3 m. Fahrzeuge mit größerem Tiefgang können an der Fischerbrücke (Rybackie Pobrzeże) neben dem Schwanenturm einen Liegeplatz bekommen (Tel. des Kaiverwalters: 31 82 73).

Sonstiges

Muzeum Zamkowe w Malborku (Schloßmuseum in Marienburg), Anfahrt: Eisenbahn vom Hauptbahnhof Gdańsk ca. 1 Stunde bzw. mit dem PKW (ca. 60 km).
Ehemalige Hauptstadt des Ordenstaates. Zu besichtigen sind Anlagen und Räume der Mittleren und Hohen Burg mit vielen Sonderausstellungen (u. a. eine Bernsteinausstellung).
Auf dem Weg liegt Tczew (Dirschau) mit der Zweigstelle des Zentralen Schiffahrtsmuseums, dem ***Muzeum Wisły*** (Weichselmuseum). Ausstellungen zur Geschichte und Gegenwart der Binnenschiffahrt sowie Zeitausstellungen von regionaler Thematik.

Wörter und Redewendungen

Einige Ausspracheregeln

Polnisch	Deutsch
cz	tsch
sz	sch
ś	sch (ch wie bei »ich«)
rz, ż	sh
ą	on
ę	en
c	z
z	s

s	ss
oj	eu
ó	u
ch	h
ie	ije
ł	wie bei engl. »w« (z. B. window)

Begrüßung

Guten Morgen/Guten Tag	dzień dobry
Guten Abend	dobry wieczór
Auf Wiedersehen	do widzenia
Gute Nacht	dobranoc
Tschüs!	cześć!
Wie geht's Ihnen/Dir?	co słychać u Pana/ciebie?
Danke, gut/prima/nicht schlecht	dziękuję, dobrze/wspaniale/nieźle

Vorstellungsformen

Ich heiße ... /Mein Name ist ...	nazywam się ...
Ich bin ... Jahre alt.	mam ... lat
Ich komme aus ...	przychodzę z ...
Ich bin verheiratet/ledig	jestem żonaty (zamężna)/wolnego stanu
Ich wohne in ...	mieszkam w ...
Ich bin ... von Beruf	z zawodu jestem ...
Ich habe ein Kind/... Kinder	mam dziecko / ... dzieci

Allgemeines

ja/nein	tak/nie
bitte/danke	proszę/dziękuję
Entschuldigen Sie bitte	przepraszam pana
wer/was/wie/wo/wann/warum	kto/co/jak/gdziezkiedy/dlaczego

Bank/Wechselstube/Post

Wechselstube/Post	kantor wymiany waluty/poczta
Geld/Scheck	pieniądze/czek
abheben/umtauschen	podjąć/wymienić
Brief/Postkarte/Briefmarken	list/widokówka/znaczki pocztowe

Im Geschäft

Geschäft/Markt	sklep/rynek
kaufen/verkaufen	kupować/sprzedawać
geöffnet/geschlossen	otwarty/zamknięty
Blumen/Buch/Zeitung	kwiaty/książka/gazeta
Ich möchte ... kaufen	chciałbym ... kupić
Wieviel kostet das?	ile to kosztuje?

Im Hotel/Im Restaurant

Hotel/Restaurant/Café	hotel/restauracja/kawiarnia
Kellner/Tisch reservieren	kelner/rezerwować stolik
Einzelzimmer	pokój jednoosobowy
Doppelzimmer	pokój dwuosobowy
Bett/Fernseher/Telefon	łóżko/telewizor/telefon
Badewanne/Dusche	wanna/natrysk
Toilette/Damen/Herren	toaleta/kobiety/mężczyźni
Gepäck/Koffer	bagaż/walizka
Schlüssel/Reservierung	klucz/rezerwacja
für eine Nacht/... Nächte	na jedną noc /... nocy
Frühstück/Mittagessen/Abendessen	śniadanie/obiad/kolacja
Kaffee/Tee/Milch/Sahne	kawa/herbata/mleko/śmietana
Mineralwasser/Saft/Bier	woda mineralna/sok/piwo
Sekt/Rotwein/Weißwein	szampan/czerwone wino/białe wino
Kuchen/Eis	ciasto/lody
Ich möchte bitte bezahlen	chciałbym zapłacić
Rechnung bitte	proszę rachunek

Geographisches

Staat/Stadt/Dorf	państwo/miasto/wieś
auf dem Lande/in der Stadt	na wsi/w mieście
Straße/Weg/Platz/Park	ulica/droga/plac/park
Ausflug/Reise	wycieczka/podróż
Haus/Schloß (Burg)	dom/zamek
Kirche/Friedhof	kościół/cmentarz
Museum/Ausstellung	muzeum/wystawa
Entschuldigen Sie bitte,	przepraszam,
wo befindet sich ...	gdzie znajduje się ...
in der Nähe	w pobliżu
es ist nicht so weit/es ist ziemlich weit	to jest niedaleko/to jest dosyć daleko

Verkehr

Obus/Autobus/Straßenbahn	trolejbus/autobus/tramwaj
Bahnhof/Eisenbahn/Zug	dworzec/kolej/pociąg
Wann fährt der Zug nach ... ab?	kiedy odjeżdża pociąg do ...?
Wann kommt der Zug an?	kiedy przyjeżdża pociąg?
Haltestelle/Fahrkarte	przystanek/bilet
einsteigen/umsteigen/aussteigen	wsiadać/przesiadać się/wysiadać
Wann/wo/muß ich umsteigen?	kiedy/gdzie/muszę się przesiąść?
Hafen/Schiff/Fähre	port/statek/prom
Flughafen/Flugzeug	lotnisko/samolot
hin und zurück	tam i z powrotem
Fundbüro	biuro rzeczy znalezionych
Ich habe ... verloren	... zgubiłem
– im Hotel/Taxi/Zug	– w hotelu/taksówce/pociągu

Krankheiten

Apotheke/Arznei	apteka/lekarstwo
Geben Sie mir bitte etwas:	proszę mi dać coś
– gegen Kopfschmerzen	– od bólu głowy
– Magenschmerzen	– od bólu żołądka
– gegen Fieber/Durchfall	– przeciwko gorączce/biegunce
– gegen Zahnschmerzen	– od bólu zęba
Arzt/Zahnarzt/Tierarzt	lekarz/dentysta/weterynarz
Ich benötige ärztliche Hilfe	potrzebuję pomocy lekarskiej
Ambulanz/Ambulatorium	karetka pogotowia/przychodnia

Maße und Gewichte

Kilometer/Meter/Zentimeter	kilometr/metr/centymetr
Kilo/Gramm	kilogram/gram
Liter	litr

Zahlen

1/jeden, 2/dwa, 3/trzy, 4/cztery, 5/pięć, 6/sześć, 7/siedem, 8/osiem, 9/dziewięć, 10/dziesięć, 11/jedenascie, 12/dwanaście, 13/trzynaście, 14/czternaście, 15/piętnaście, 16/szesnaście, 17/siedemnaście, 18/osiemnaście, 19/dziewiętnaście, 20/dwadzieścia, 21/dwadzieścia jeden, 22/dwadzieścia dwa, 30/trzydzieści, 40/czterdzieści, 50/pięćdziesiąt, 60/sześćdziesiąt, 70/siedemdziesiąt, 80/osiemdziesiąt, 90/dziewięćdziesiąt, 100/sto, 200/dwieście, 300/trzysta, 400/czterysta, 500/pięćset, 600/sześćset, 700/siedemset, 800/osiemset, 900/dziewięćset, 1000/tysiąc, 2000/dwa tysiące, 3000/trzy tysiące, 1.000.000/milion

Zeitbegriffe

Tag/Woche/Monat/Jahr	dzień/tydzień/miesiąc/rok
Stunde/Minute/Sekunde	godzina/minuta/sekunda
eine halbe Stunde	pół godziny
in 10 Minuten/um 3.00 Uhr	za 10 minut/3.00 godzinie
heute/morgen/gestern	dzisiaj/jutro/wczoraj
morgens/vormittags/nachmittags	rano/przed południem/po południu
abends/nachts	wieczorem/nocą

Wochentage/Monate

Montag/Dienstag/Mittwoch/	poniedziałek/wtorek/środa
Donnerstag/Freitag/Samstag/Sonntag	czwartek/piątek/sobota/niedziela
Januar/Februar/März/April/Mai	styczeń/luty/marzec/kwiecień/maj
Juni/Juli/August/September	czerwiec/lipiec/sierpień/wrzesień
Oktober/November/Dezember	październik/listopad/grudzień
Wochenende	weekend
im März/am Montag	w marcu/w poniedziałek
im Jahr 1997	w tysiąc dziewięćset dziewięćdziesiątym siódmym roku
im nächsten Jahr	w następnym roku

Sonstiges

Rauchen verboten	palenie wzbronione
Parken ist hier nicht erlaubt	parkowanie tutaj jest niedozwolone
Hier darf man nicht schwimmen	pływanie jest tutaj wzbronione
Zelten ist hier nicht erlaubt	rozbijanie namiotów jest tutaj niedozwolone
Eintritt verboten	wstęp wzbroniony

Hinweise der Polizei zur Sicherheit

Im Sommer steigt die Zahl der Ordnungswidrigkeiten und Straftaten an. Unsere Region ist für Touristen, aber leider auch für Kriminelle attraktiv. Zur größeren Sicherheit der Touristen erteilt das Kommissariat der Polizei Gdańsk-Stadtmitte folgende Ratschläge:

Wie ein Auto-Diebstahl zu vermeiden ist:
- benutzen Sie die bewachten Parkplätze,
- lassen Sie die Fahrzeugdokumente nicht im Wagen liegen,
- während der Fahrt seien Sie aufmerksam, ob Ihr Auto nicht das Interesse anderer Personen erweckt,
- schalten Sie beim Parken die Alarmanlage ein und benutzen Sie andere Sicherungsmittel,
- ist kein bewachter Parkplatz vorhanden, dann stellen Sie sicher, daß Ihr Fahrzeug überwacht werden kann,
- befolgen Sie die Hinweise der Mitarbeiter der Polizei und des Stadtschutzes,
- im Falle eines Fahrzeug-Diebstahls benachrichtigen Sie unverzüglich die nächste Polizeieinheit oder einen Polizisten, der Ihnen begegnet.

Wie einem Diebstahl mit Einbruch in das Fahrzeug vorzubeugen ist:
- benutzen Sie die bewachten Parkplätze,
- lassen Sie keine Gegenstände sichtbar im Auto liegen,
- befolgen Sie die Verkehrszeichen im Gebiet der Altstadt,
- parken Sie ihren Wagen nicht an schlecht beleuchteten oder an schlecht einsehbaren Plätzen.

Vorbeugungsmaßnahmen, um nicht Opfer eines besonders frechen Diebstahls zu werden:
- meiden Sie in der Abend- und Nachtzeit schlecht beleuchtete Plätze,
- befolgen Sie die Hinweise des Reiseleiters,
- tragen Sie nicht viel Bargeld bei sich,
- geben Sie Obacht auf mitgeführte Gegenstände, wie Photoapparate, Videokameras, Taschen und anderes,
- Geld sollte nur in Banken oder Wechselstuben umgetauscht werden,

- besuchen Sie in den Abend- und Nachtstunden die Altstadt von Gdańsk nur in organisierten Gruppen,
- schließen Sie keine Bekanntschaften mit Ihnen zufällig begegnenden Personen.

Wenn Sie Opfer einer Straftat geworden sind, dann:

- benachrichtigen Sie sofort die nächste Polizeieinheit oder einen Polizeibeamten
- im Falle eines Diebstahls mit Einbruch in den Wagen sichern Sie Ihr Gut bis zur Ankunft eines Polizisten,
- merken Sie sich möglichst viele Einzelheiten und Umstände, die mit dem Ereignis zusammenhängen und teilen diese dem Polizeibeamten mit.

Wichtige Telefonnummern:

Kommissariat der Polizei Stadtmitte
ul. Piwna 32/35, Tel. 38 61 05; 38 61 82.
Polizei-Notdienst–997.

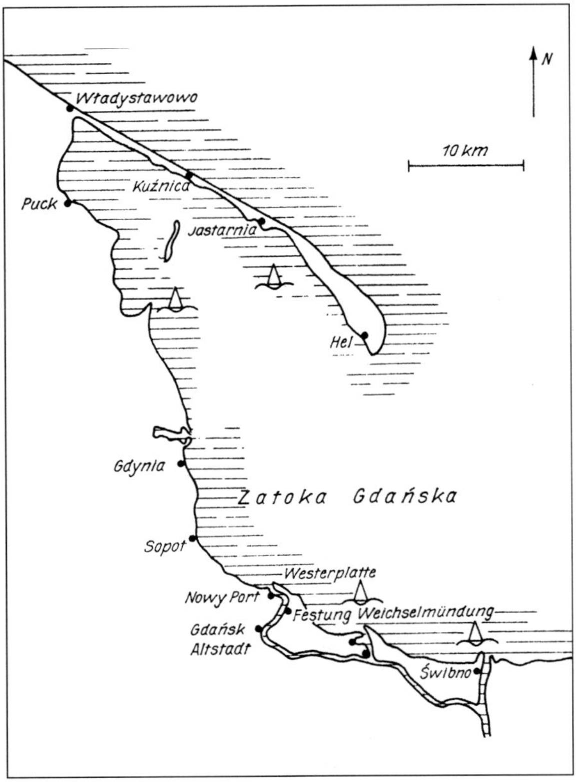

Danzig kann man mit dem Zug (bis Gdynia bzw. Gdańsk Główny), dem Auto (auf der E 77 bzw. E 75), diversen Fährschiffen oder mit dem Flugzeug (Direktflüge von Hamburg aus) erreichen.

Literatur- und Quellennachweis

Bauer, Hans und Walter Millack:
Danzigs Handel in Vergangenheit und Gegenwart. Danzig 1925.

Biernat, Czesław:
Życie portowe Gdańska w XVII–XVIII wieku. [in:] Labuda, Gerard (Hrsg.): Szkice z dziejów Pomorza, Bd. 2. Warszawa 1959.

Biernat, Czesław und Edmund Cieślak:
Dzieje Gdańska. Gdańsk 1975.

Binerowski, Zbigniew:
Gdański przemysł okrętowy od XVII do początku XIX wieku. Gdańsk 1963.

Bobiński, Stanisław:
Gdańsk wczesnodziejowy na podstawie analizy planu miasta. Gdańsk 1952.

Bogdanowicz, Stanisław:
Konkatedralna Bazylika Mariacka w Gdańsku. Gdańsk 1988.

Bogucka, Maria:
Gdańscy ludzie morza w XVI–XVIII w. Gdańsk 1984.

Bogucka, Maria:
Gdańsk jako ośrodek produkcyjny w XIV–XVII w. Warszawa 1962.

Brocki, Zygmunt:
Port Gdański. Gdynia 1959.

Cieślak, Edmund und Czesław Biernat:
Dzieje Gdańska. Gdańsk 1994.

Cieślak, Edmund (Hrsg.):
Historia budownictwa okrętowego na Wybrzeżu Gdańskim. Gdańsk 1972.

Cieślak, Edmund (Hrsg.):
Dzieje Gdańska, Gdańsk, Bd. 1. 1978; Bd. 2. 1982; Bd. 3. 1993.

Crenzburg, N.:
Atlas der Freien Stadt Danzig. Danzig 1936.
Der Hafen von Danzig, gemeinschaftliche Arbeit. Danzig 1926.

Gierszewski, Stanisław:
Statystyka żeglugi Gdańska w latach 1670–1815. Warszawa 1963.

Gliński, Mirosław:
Ludzie dziewiętnastowiecznego Gdańska. Gdańsk 1994.

Gröner, Erich:
Die deutschen Kriegsschiffe 1815–1945. München 1966.

Groth, Andrzej:
Rozwój floty i żeglugi gdańskiej w latach 1660–1770. Gdańsk 1974.

Hagen, L.:
Der Hafen zu Neufahrwasser. [in:] »Zeitschrift für Bauwesen« 1883.

Hirsch, Theodor und F. A. Vossberg:
Caspar Weinreich's Danziger Chronik. Berlin 1855.

Hirsch, Theodor:
Danzigs Handels- und Gewerbsge-

schichte unter der Herrschaft des Deutschen Ordens.
Leipzig 1858.

Hoburg, K.:
Geschichte der Festungswerke Danzigs. Danzig 1852.

Iwanoyko, Eugeniusz:
Apoteoza Gdańska.
Gdańsk 1976.

Janik, Bernard:
Najstarszy tekst prawa morskiego w Gdańsku. Gdańsk 1961.

Johansen, Hans Chr.:
Shipping and Trade between the Baltic Area and Western Europa 1784–1795. Odense 1983.

Kaufmann, J.:
Studien zur Geschichte der Altstadt Danzig. [in:]
»Zeitschrift des Westpreussischen Geschichtsvereins«. Jg. 31, 1932.

Keyser, Erich:
Die Baugeschichte der Stadt Danzig. Köln, Wien 1972.

Kisselbach, A.:
Die wirtschaftlichen Grundlagen der deutschen Hanse ... Berlin 1907.

Kloeppel, Otto:
Das Stadtbild von Danzig in den drei Jahrhunderten seiner großen Geschichte. Danzig 1937.

Köhler, Georg:
Geschichte der Festungen Danzig und Weichselmünde bis zum Jahre 1814 in Verbindung mit der Kriegsgeschichte der freien Stadt Danzig. Bd. 1. Breslau 1893.

Kowalski, J., R. Massalski und J. Stankiewicz:
Rozwój urbanistyczny i architektoniczny Gdańska [in:] »Gdańsk, jego dzieje i kultura«. Warszawa 1969.

Krannhals, Detlef:
Das Krantor zu Danzig. Danzig 1941.

Lepszy, Kazimierz:
Dzieje floty polskiej. Gdańsk, Bydgoszcz, Szczecin 1947.

Lienau, Otto:
Die Bootsfunde von Danzig-Ohra aus der Wikingerzeit. Danzig 1934.

Litwin, Jerzy:
Zabytkowe modele okrętów z Dworu Artusa w Gdańsku.
Gdańsk 1981.

Łęga, Władysław:
Społeczeństwo i państwo gdańsko-pomorskie w XII i XIII wieku.
Poznań 1956.

Mamuszka, Franciszek:
Port gdański. Warszawa 1988.

Mamuszka, Franciszek:
Gdańsk i okolice. Przewodnik.
Warszawa 1990.

Meyer, Hans Bernhard:
Danzig in 144 Bildern. Leer 1956.

Mokrzecki, Lech:
Początki wiedzy o morzu w dawnej Rzeczypospolitej. Gdańsk 1983.

Pertek, Jerzy:
O gdańskich okrętach kaperskich w okresie szwedzkiego »potopu«. [in:] Rocznik Gdański. Bd. 14. Gdańsk 1955. S. 3–5.

Ropelewski, Andrzej:
1000 lat naszego rybołówstwa.
Gdynia 1963.

Ruhnau, Rudiger:
Der Schiffbau in Danzig und die Entwicklung der Werft-Industrie. Danziger Berichte. Heft 3. Stuttgart 1983.

Samp, Jerzy:
Bedeker Gdański, Gdańsk 1994.

Seligo, Arthur:
Die Seefischerei von Danzig. Stuttgart 1931.

Siegler, H.:
Danzig. Chronik eines Jahrtausends. Düsseldorf 1991.

Simson, Paul:
Der Artushof in Danzig und seine Bruderschaften, die Banken. Im Auftrage der vereinigten Banken verfaßt von …
Danzig 1900.

Simson, Paul:
Geschichte der Stadt Danzig.
Bde. 1–3. Danzig 1918.

Stankiewicz, Jerzy und Bohdan Szermer:
Gdańsk, rozwój urbanistyczny i architektoniczny oraz powstanie zespołu Gdańsk-Gdynia-Sopot. Warszawa 1959.

100 Jahre Schichau 1837–1937.
Berlin 1937.

Szeliga, Jan:
Rozwój kartografii Wybrzeża Gdańskiego do roku 1772.
Wrocław, Warszawa, Kraków, Gdańsk, Łódź 1982.

Szymanski, Hans:
Deutsche Segelschiffe.
Norderstedt, Hamburg 1972.

Trzoska, Jerzy:
Dzieje gdańskiego statku »Fortuna« (1712–1731). Gdańsk 1979.

Trzoska, Jerzy:
Kaprzy króla Augusta Mocnego (1716–1721). Gdańsk 1993.

Zbierska, Eleonora:
Żuraw Gdański. Gdynia 1964.

Zbierski, Andrzej:
Port gdański na tle miasta w X–XIII wieku. Gdańsk 1964.

Zbierski, Andrzej:
Z badań kompleksowych nad dziejami Wisłoujścia. [in:] »Peribalticum«. Bd. 1. Gdańsk 1980.

Register

Adalbert 9
Alexander IV. 133
Altstädtisches Rathaus 108, 130
Ankerschmiedetor 21, 94
Ankerschmiedeturm 94
Annam 122
Antwerpen 80
Archäologisches Museum 113 f.
Arcona 68
Artushof 96 ff., 102
Astronomische Uhr 104, 111
August III. 40, 45
Autoverkehr 92

Baden 68
Baie de Bourgneuf 35
Baltic 80
Bałtyk 158
Batory, Stefan 39, 99, 147
Belfast 80
Beneke, Paul 32 f., 93, 111, 126
Benning, Wilhelm J. 137
Biruta 140
Bleihof 118 ff.
Blitz 66
Block, A. van den 98, 134 f.
Block, I. van den 101, 106 f., 116
Block, W. van den 136
Błyskawica 152, 156 ff.
Bogucki, Dariusz 90
Bohnsack 72, 169
Bohomolec, Andrzej 111
Bonifacio D'Oria 127
Brabank 51, 54, 138
Brandt, Hans 100
Breitgasse 116 ff.
Bremer Kogge 90, 112
Brigittenkirche 125 f.
Broschke, Matthias 58
Brotbänkengasse 112 f.
Brotbänkentor 113
Brügge 15, 33, 45

Caribia Express 87
Castor 78
Charpentiers, Johann 51
Chodowiecki, Daniel 115
Christian I. 29
Chrobry, Boleslaw 8
Columbus 68, 76 f.
Conrad, Joseph 152, 158

Dal 111
Damme 45
Daniels, Dirk 105
Danzig 67, 79
Danziger Bibliothek 127, 129
Danziger Diele 96 ff., 100 f.
Danziger Reedereien 79 f., 90
Danziger Wassersport 80 f., 90
Danziger Werft 78 f., 85 ff., 128 f., 139, 148 f.
Dar Młodziezy 152
Dar Pomorza 78, 152 f., 158
De Fümff Bruyder 26
Den Heldenmodige 99
Denkmal gefallener Werftarbeiter 128, 145
Der Lachs 116
Dircksen, Cornelis 46
Düringer, Hans 111
Duszenko, Franciszek 146

Eggebrecht, Hans 132
Einlage 63, 169
Elbing 8 f., 14, 25, 30, 42 f., 77
Elisabethkirche 137
Englisches Haus 112 f.
E-Werk 63, 120

Ferbersches Haus 108
Fischerbrücke 123
Fischmarkt 123 f.
Fortuna 55
Fürst Xaver 58

Frank, A. 76
Frantzius, Theodor Chr. 58
Frauengasse 114 f.
Friedrich Wilhelm IV. 93
Friedrich Wilhelm zu Pferde 102

Gardenga 67
Gazelle 68
Gdingen (Gdynia) 38, 71 ff., 81 ff., 154 ff.
Gedania 80
Gedania (Jacht) 90
Gefion 68
Georgshalle 134
Geschkau, Kaspar 147
Gibsone, Alexander 58 f.
Gieldzinski, Lesser 101
Glotau, Johann 134
Gneisenau 155
Goldenes Haus 96
Gotenhafen 71, 155
Gotland 14
Guldener Kerl 103
Gustav II. Adolf 40
Grass, Günter 139
Große Mühle 130
Große Ratsstube 107
Großes Zeughaus 133 f.
Grüne Brücke 95
Grünes Tor 95, 123. 138
Gryf 166

Häkertor 63, 123
Hafenkanal 51, 141, 149
Haffner, Jean Georges 153 f.
Hahn, Hermann 126
Hakelwerk 125
Halka 88
Haller, W. 159
Hamburg 66, 80
Hansa 67
Haupt, Adam 146
Hauptbahnhof 129
Hecht, Arnold 14
Heilige-Geist-Gasse 115 f.
Heinrich III. 39
Heinrich VIII. 38
Heinrich von Plauen 126
Heinrich von Valois 39
Heisternest 163 f., 168
Hela (Hel) 24, 29, 39, 52, 56, 59, 70, 164 ff.
Hertha 141
Hevelius-Hotel 92, 126
Hevelius, Jan 40, 130, 132
Hohes Tor 104, 135 f.
Holm 139

Jachmann, Karl Eduard 69
Jachthafen 122
Jachtwerft 88
Jagiello, W. 96
Jakobskirche 126
Jankowski, Henryk 126
Johannes Westphal 141
Johanniskirche 26, 123
Johannistor 63
Jopengasse 108, 112
Josephskirche 137

Kämmerei 107
Kämpe 119
Kaiserhafen 64
Kaiserwerft 64, 78, 139
Kalmar 33
Karl von Hohenzollern 151
Kaschubischer Kanal 139
Kasimir IV. 25
Kasimir, Johann 147
Katharinenkirche 131
Kaszub 87
Keier & Devriet 67
Kiek in de Köck 133
Kielgraben 119 f., 138
Klawitter, Johann W. 59, 66 f.
Klawitter-Werft 66 f., 77, 85 ff., 138
Kleine Mühle 131
Kleinere Werften 85
Kneiphof 28 f.
König, Ludolf 110
Königsberg 8, 43, 59, 66, 77

Königsweg 95
Koggentor 95
Koch, D. J. 69
Kolpino 141
Kopenhagen 13
Korsarz 81
Kramer, Johann 95, 135
Krantor 79
Krantor 20, 49. 63. 116 ff.
Kulm 12, 25
Kummer, E. 70

Lange Brücke 113f.
Langer Markt 95 f.
Langgasse 95 f., 103
Lastadie 21, 51, 95
Lenin-Werft 82
Lerice, Ambrosio 41
Leszczynski, Stanislaus 40
Letzkau, Konrad 12
Lissabon 15
Lokietek, W. 103

Magnus, Olaus 42
Marienburg 25, 157, 181
Marienkirche 27, 32, 104, 108 ff.
Marienwerder 8, 38
Mars 99, 136
Matschoppien 165, 168 f.
Meer, Willem van der 107, 134
Memel 29, 43
Memling, Hans 32 f., 111
Mewa 166
Michel 79
Mickiewicz, Adam 151
Milchkannentor 137
Milosz, Czeslaw 128
Möller, Anton 107, 132
Mortensen 29
Motława 118 ff.
Münnich 40
Museum für Danziger Geschichte 96 ff.

Napoleon 57, 61
Nationalbank 104, 136
Nationalmuseum 93 ff.
Naturforschende Gesellschaft 95
Neptunbrunnen 102
Neufahrwasser 79
Neufahrwasser 61, 63 f., 70, 83 ff., 140, 142 f.
Nike-Denkmal 125
Nikolaikirche 133
Norderney 141
Nordhafen 84, 144 ff.
Nordstar 99
Nordwerft 87

Obberghen, Anton van 130, 133, 143
Öresund 57
Ohraboot II 12
Olbrants, Adrian 137
Oliva 79
Oliva 39, 147 ff.
Opal 88
Oslo 70
Ostsee-Kulturzentrum 130
Oxhöft 73, 154

Peinkammer 135
Peter- und Paulskirche 95
Peter von Danzig 32 f.
Peter von Danzig II 80
Pfeil 66
Pierre de la Rochelle 32
Pietruszka, Bogdan 128
Pillau 71, 77
Polnische Post 124 f.
Polnischer Haken 106, 138
Pomeranka 123
Porębski, Kasimierz 158
Postmuseum 125
Potocki, J. 54
Putzig (Puck) 43, 158 ff.

Radaunekanal 120, 124, 138
Rechtstädtisches Rathaus 103 ff.
Reinhold, Friedrich G. 80
Reparaturwerft 87
Riga 43

Ringering, Peter 135
Rixhöft (Rozewie) 161 ff.
Romuald Traugutt 122
Roter Saal 100 f., 106 f.
Rybiński, Jacek 150 f.

Sambor I. 147, 158
Saspe 79
Schachmann, Bartholomäus 102
Schäferei 119 f.
Schichau, Ferdinand 68
Schichau-Werft 68, 76 ff., 85 ff.
Schiewenhorst (Świbno) 63, 70, 72, 169
Schiffergildenhaus 115 f.
Schiffsregister 89
Schlagbäume 120
Schleswig-Holstein 71, 141, 146
Schonen 39
Schopenhauer (Fam.) 58, 115
Schultz, Johann K. 23, 134
Schultz, Johann Ph. 43 f.
Schutenlake 65, 139
Schwanenturm 109, 123
Seebibliothek 121
Seeinstitut 105
Seemannshospital 126 f.
Selandia 122
Sigismund I. 25
Sigismund II. 28, 37, 103, 105
Sigismund III. 19, 39 f., 46, 96, 98, 136
Sobieski, Jan 40
Sołdek 82, 86, 118 f., 121 f.
Solen 19, 121
Solidarität 126
Sopot 59, 69 f., 81, 151
Speicherinsel 113, 137
Spekulation 27
Speymann, Johann 96
Staatsarchiv 129
Staatsreederei 89
Stadthof 137
Steffensches Haus 96, 105
Steinschleuse 137
Stender, Johann K. 102
Stettin 66, 90
St. Jacob 99, 126
St. Johann-Kirche 111
Stockholm 80
Stockturm 104, 135
Stolp 30
Strakowski, Jan 133, 135
Strohturm 134
Stumpf, Moritz 102
Stutthof (KZ) 124, 169
Styjecki, Christoph 123
Suier, Giorgio 41
Svantopolk II. 8 f., 110, 132 f., 164
Szafir 88
Szmaragd 88

Thor 79
Thorn 8, 11 f., 14, 25, 40
Trinitatiskirche 94

Uhrenmuseum 131
Uniwersytet Gdański 142
Uphagen, Johann 108

Versailles 72
Visby 46
Vistula 80
Vitalienbrüder 14
Vorrath, Heinrich 117
Vries, J. V. de 107

Wagner, Karl Chr. 153
Waldemar II. 164
Weichselmünde 50 ff., 70, 140, 143 f., 148
Weinreich, Kaspar 34 ff.
Weißer Saal 106
Werft Weichsel 88
Westerplatte 60 ff., 69, 73, 140, 144 ff., 149
Westpreußisches Provinzialmuseum 95
Wijbe, Adam 119
Wilhelm II. 68

Wilhelm Gustloff 71
Władysław IV. 160
Władysławowo 160 f.
Wojan-Werft 68
Wolicki, K. 58

Zentrales Schiffahrtsmuseum 109, 116 ff.
Ziese, Carl 68
Ziolkowski, Tadeusz 124, 141
Zoppot 80

Bildnachweis:

Archiv des Centralne Muzeum Morskie (CMM): S. 9, 11, 15, 17, 32, 33, 37, 41, 42, 45, 49, 50, 54, 59, 62, 63, 64, 67, 72, 74, 75, 76 r., 83, 86, 99, 102, 127, 155
Archiv C. Rothe: S. 76 l., 79, 81
B. Balcerzak/A. Firynowicz: S. 100, 101
Bibliothek PAN: S. 45, 53
Bielachowicz, A.: S. 88
aus Kloeppel, O. (s. Literaturnachweis): S. 20
Litwin, W.: S. 104 u. 115
Meksiak, E.: S. 16, 18 o., 19, 27 u., 30, 90, 109, 112, 118, 127, 160
Murmann, M.: S. 84 u.
Okonski, L.: S. 103
Petrajtis, R.: S. 2, 18 u., 22, 23, 24, 26 o., 93, 96
Stępień, W.: S. 97 u., 148, 149 o.
Stütz, E.: S. 97 o., 104 o., 105 r., 108 r., 145, 149 u., 152, 153, 157 u.
Die Bilder auf den Seiten 49 und 54 stammen von J. F. Schuster nach Zeichnungen von F. A. Lohrmann.
Das Bild auf S. 2 zeigt den Ausschnitt von einer Begräbnisplatte der Danziger Schiffszieher (Tecker) aus dem 19. Jh. Diese Treidler zogen die Segelschiffe und -kähne vom Innenhafen bis zum Fahrwasser der Weichsel. Sie wurden durch die Dampfschlepper ab Mitte des 19. Jhs allmählich verdrängt.

Alle weiteren Aufnahmen stammen vom Verfasser.
Die Reproduktionen von Stücken aus den Beständen des CMM (Centralne Muzeum Morskie – Zentrales Schiffahrtsmuseums) fertigte E. Meksiak an.

Umschlagvorderseite:
Das Krantor als Wahrzeichen Danzigs, vom Bleihof aus gesehen. (Foto: E. Meksiak)

Umschlagrückseite:
Festung Weichselmündung mit dem Jachthafen rechts. (Foto: W. Stępień)

Umschlaginnenseite vorne:
Plan von der Danziger Innenstadt. (V·W·M projekt)

Umschlaginnenseite hinten:
Plan des Danziger Hafens (nach einem Prospekt). (Nachdruck mit Genehmigung der Hafenverwaltung)